走进"一带一路"丛书

浙江省社科联社科普及课题（20KPD37YB）

开启加勒比海的金钥匙
古 巴

陈 岚 编著

Republic of Cuba

浙江工商大学出版社
ZHEJIANG GONGSHANG UNIVERSITY PRESS
·杭州·

图书在版编目（CIP）数据

开启加勒比海的金钥匙：古巴／陈岚编著. —杭州：浙江工商大学出版社，2020.12

ISBN 978-7-5178-4134-0

Ⅰ. ①开… Ⅱ. ①陈… Ⅲ. ①古巴－概况 Ⅳ. ①K975.1

中国版本图书馆 CIP 数据核字（2020）第 194646 号

开启加勒比海的金钥匙——古巴
KAIQI JIALEBIHAI DE JINYAOSHI——GUBA

陈　岚　编著

责任编辑	王黎明
封面设计	林朦朦
责任校对	何小玲
责任印制	包建辉
出版发行	浙江工商大学出版社
	（杭州市教工路 198 号　邮政编码 310012）
	（E-mail：zjgsupress@163.com）
	（网址：http://www.zjgsupress.com）
	电话：0571-88904980，88831806（传真）
排　　版	杭州朝曦图文设计有限公司
印　　刷	杭州高腾印务有限公司
开　　本	880 mm×1230 mm　1/32
插　　页	4 面
总 印 张	5.75
字　　数	130 千
版 印 次	2020 年 12 月第 1 版　2020 年 12 月第 1 次印刷
书　　号	ISBN 978-7-5178-4134-0
定　　价	49.80 元

‖ 目 录 ‖

开篇

　　古巴共和国，简称古巴。国名源自印第安语"coabana"，意为"肥沃之地""好地方"。它位于加勒比海的西北部墨西哥湾入口处，东北距巴哈马 21 公里，北隔佛罗里达海峡距美国基韦斯特 150 公里，东靠向风海峡距海地 77 公里，南连加勒比海距牙买加 140 公里，西临墨西哥湾距墨西哥 210 公里。古巴在殖民时期是欧洲—美洲航线的咽喉，在当代是北美大陆通往南美的重要门户和通道。

　　古巴领土总面积为 109884 平方公里，由古巴岛、青年岛等 1600 多个岛屿组成，是西印度群岛中最大的岛国。截至 2020 年，古巴共有人口 1147.2 万。1961 年 4 月，古巴革命领袖菲德尔·卡斯特罗（后文简称卡斯特罗）向全世界宣布"古巴实行社会主义革命"，站到世界政治浪潮的最前端。在美国的眼皮底下建设社会主义，难度可以想象。20 世纪开展得轰轰烈烈的共产主义运动在全球建立起大大小小的社会主义政权。但后来，一些改旗易帜，一些不再存在。而古巴共产党对于共产主义理想一如既往地坚信与坚守，顽强生存。它的经济并不发达，人民并不富裕，但它拥有世界上一流的医疗制度和公平的教育体系。习近平主席说，古巴是一个了不起的伟大国家。卡斯特罗深受古巴人民爱戴，也赢得中国人民的尊敬。古巴人民为获得独立、主权、自由、平等进行了不屈不挠的斗争，这种精神深深感动、激励着全世界，受到世界各国人民的钦佩和赞誉。中国与古巴作为两个意识形态、国家体制都十分相近的国家,虽然远隔重洋,但心灵相通,政策互通,在社会主义道路上并肩前行。2018 年 11 月,古巴与中国签署了《"一带一路"合作谅解备忘录》,期待成为中国倡导的"海上丝绸之路"上的重要枢纽。

浙江的面积与古巴相当。浙江人杰地灵,人才辈出。浙江人的足迹遍布世界,从晚清时期起,古巴就有了浙籍外交官的身影。浙江德清人傅云龙(1840—1901)曾在 1887—1889 年间游历日本、美国、加拿大、古巴、秘鲁及巴西 6 国,途经巴拿马、厄瓜多尔和智利等国。他留下的珍贵手稿成为我国了解这些国家的第一份一手材料。浙江杭州人夏偕复(1874—?)于 1913 年 12 月 26 日被袁世凯任命为驻美利坚合众国特任全权公使兼驻古巴特任全权公使,1915 年回国候任,遗缺以著名外交家顾维钧继任。浙江吴兴人孙慕唐(1889—1967)历任新加坡、古巴等领事;中华人民共和国成立后,为省文联会员、杭州市政协委员,其画作流芳百世。在当代,开放包容、敢为人先、勇于开拓的浙江人频频参与古巴国家的建设,为古巴的发展做出了巨大贡献。

古巴的历史是一部血泪和悲壮、骄傲和光荣、尊严和理想的历史。古巴一直在"谨小慎微,摸着石头过河"地探索"古巴特色社会主义道路",它百废待兴,前途不可估量。中国与古巴都曾遭受外来侵略和压迫,两国人民都曾为本民族的独立和解放进行过艰苦的斗争,今天又都在为反对强权政治和外来干涉而继续斗争。中国为古巴带去火车、汽车,将先进的技术和产能转移到古巴。古巴则派遣医生来到中国,带来更多生命和希望。在"一带一路"倡议绘制的世界蓝图中,中古友谊通过人文交流、技术合作,播撒在每个普通人的心中。

"祖国或者死亡,我们必胜"是古巴人民大街上随处可见的标语,也是所有社会主义国家人民的心声!

上篇

古巴的前世

新大陆与旧大陆之间的中心枢纽

当现代人漫步在哈瓦那老城区,映入眼帘的是大量西班牙殖民时期所建的巴洛克建筑和受美苏影响而出现的新古典主义建筑,它们虽然年久失修,但依然能窥视到从前的繁华。古巴国会大厦仿照西方的国会大厦修建,让人产生来到欧洲的错觉。与古巴国会大厦一街之隔的大剧院,气势恢宏,无论是外观设计还是规模,都可与欧洲任何一座历史悠久的歌剧院媲美。华灯初上时,着盛装的男女老幼从各个方向向大剧院走来,古巴人民虽然物质匮乏,但是贵族的艺术细胞和仪式感代代相传,依稀可见。哈瓦那老城里殖民地城堡、总督府、侯爵府、教堂、博物馆、酒吧、餐馆林立。小岛虽小,"五脏"俱全。虽然哈瓦那的很多建筑受到海风侵蚀,年久失修,但是如同半老徐娘,风情依旧,魅力尤甚。当年的灯红酒绿记录在每一块砖瓦里,无声无息地诉说古巴从 18 世纪到 20 世纪初这 200 年间的繁华盛世。

现代人无法想象的繁荣

美国时任国务卿约翰·昆西·亚当斯(John Quincy Adams)在 1823 年 4 月 23 日给时任美国驻马德里公使休·尼尔森(Hugh Nelson)的信里这样写道:

　　它(古巴)居于墨西哥湾和西印度群岛的险要地理位置,位于我国南部海岸和圣多明各岛的中间,拥有安全开阔的哈瓦那港,相比于我们的漫长的,却不具备那些优势的海岸线,它的产出和需求的特性……对于我国的利益极其重要。这是其他任何国家无法比拟的,毫不逊于任何与联邦结盟的国家。①

　　从 19 世纪 20 年代起,哈瓦那逐渐成为加勒比海地区的最大港口。到 20 世纪 50 年代,它已成为当时世界上著名的大都市之一。1776 年,哈瓦那的居民已经达到 76000 人,大大超过同时期的纽约市(当时纽约市的人口只有 12000 人)。② 1833 年西班牙爆发继承权危机和一系列内战,史称"卡洛斯战争",使得经济已经开始衰落的西班牙帝国更加落后于欧洲的竞争对手,并且在很多方面还落后于富裕、丰饶的古巴。③ 古巴第一条蒸汽列车轨道建于 1837 年,比宗主国西班牙还早。大量的西班牙人移民来到古巴,寻找新的梦想和生活。对他们来说,新大陆意味着新的机会和财富。到 1958 年,古巴的国民生产总值已与同年的意大利相差无几,20 世纪 50 年代的哈瓦那人曾把当时的美国迈阿密轻蔑地称为"乡下"。④ 据罗伯特·詹姆森的记述,一些哈瓦那奴隶主"家里的仆人不少于 60 个"。他

　　① [英]理查德·戈特著,徐家玲译:《古巴史》,中国大百科全书出版社 2013 年版,第 411 页。
　　② 李春辉:《拉丁美洲史稿》(第 2 版),商务印书馆 1983 年版,第 500 页。
　　③ [英]卡丽·吉布森著,扈喜林译:《帝国的十字路口》,社会科学文献出版社 2018 年版,第 254 页。
　　④ 凌涵之:《繁华与背影:光荣与梦想——依旧社会主义的古巴》,《世界知识》2015 年第 8 期,第 66 页。

这样描写 20 世纪初期古巴人的奢华生活景象：

> 这种恶习（赌博）和对高档服饰无节制的嗜好是劳工阶层的祸根。成群的黑人女性穿着丝袜、锦缎鞋、穆斯林长袍、法国披肩，戴着金耳环。羊毛头巾上插着花，她们的黑人情郎头戴白色海狸帽，身穿英式上衣，手持杖头包金的手杖，像他们的老板一样喷云吐雾，向他们的女友大献殷勤，这会让你忍不住发笑。①

表面的浮华掩盖了古巴作为卫星国的不公命运。当时的古巴是一个单一的甘蔗生产国，为当时世界体系的中心国（先是西班牙，后是美国）提供原料和消费市场，养肥了一批甘蔗种植园主。这些欧洲商人和权贵垄断了古巴糖和烟草的贸易，控制了古巴的经济命脉，使古巴成为一个完全为欧洲列强服务的卫星国。1898 年的美西战争之后，古巴又沦为美国的卫星国。美国著名历史学家小阿瑟·施莱辛格在巴蒂斯塔执政时期到访古巴，发出这样的感慨：

> 哈瓦那令我陶醉，但同时也使我感到震惊。这座可爱的城市已被糟蹋成为一个巨大的游乐场和妓院，供来自迈阿密的美国商人在周末恣意欢乐。②

在这种宗主国—卫星国的关系中，古巴社会被严格地按照种族、阶级、原籍和系裔而分裂，不同阶级、不同种族之间的人

---

① ［英］卡丽·吉布森著，扈喜林译：《帝国的十字路口》，社会科学文献出版社 2018 年版，第 255 页。

② ［美］小阿瑟·M·施莱辛格著，仲宜译：《一千天：约翰·菲·肯尼迪在白宫》，生活·读书·新知三联书店 1981 年版，第 97 页。

相互敌视。根深蒂固的种族歧视,白人对黑人以及土生白人的压迫,使得下层民众在极度恐惧和不安中惶惶度日,生活极为困苦。严重的社会分化就是后来卡斯特罗选择揭竿而起、毅然切断与宗主国之间的关系的原因。

蔗糖、烟草贸易

1492 年哥伦布第一次航行抵达古巴岛。1511 年,古巴沦为西班牙殖民地。西班牙人以为古巴岛富含黄金和白银,于是络绎不绝,蜂拥而至。而实际上,古巴岛上没有丰富的金矿和银矿,古巴岛成为西班牙人继续前往墨西哥和秘鲁掠夺矿产的中转站,前往古巴定居的西班牙人逐渐减少。

然而,从地理上看,哈瓦那是西印度群岛的"咽喉要道",其战略地位极为重要,西班牙王室为了使古巴不落入当时的两个海上强国——英国或荷兰的手中,设法鼓励西班牙人向古巴移民,给予移民各种优惠条件。由于西班牙王室的激励政策,加上古巴的自然条件又很适合农牧业的发展,西班牙殖民者将大量的牲畜带到古巴岛上。古巴岛上浓密的热带雨林为从欧洲运来的牛羊提供了丰富的饲料,牛羊迅速生长,大量繁殖,牲畜养殖业成为古巴最初的经济支柱。古巴的牲畜养殖业为西班牙—美洲这条航线上的来往船只提供腌腊肉。一直到 19 世纪末,畜牧业在古巴经济中始终占有重要地位。[①]

17 世纪初,西班牙殖民者发现古巴的气候和土壤非常适合种植烟草,而在欧洲市场烟草的需求量极大,于是,西班牙殖民者开始在古巴岛上种植烟叶。为了在烟草贸易中赚取大量利

---

① 李春辉:《拉丁美洲史稿》(第 2 版),商务印书馆 1983 年版,第499 页。

润,西班牙王室还专门在哈瓦那设立了一个烟草垄断公司,规定古巴的烟草种植者不得把烟草售给私商,只能卖给垄断公司,由垄断公司按质定价。①

除了烟草之外,欧洲人还看到,古巴得天独厚的气候条件非常适合甘蔗的种植。于是他们把甘蔗传入古巴,蔗糖业逐渐成为古巴的支柱产业。毫不夸张地说,甘蔗书写了岛国的历史,从古巴甘蔗种植园里走出了一代伟人和名人:古巴独立之父卡洛斯·马努埃尔·德赛斯佩德斯曾是甘蔗种植园主;菲德尔·卡斯特罗的父亲是甘蔗种植园主;古巴"甘蔗之王"胡里奥·罗博(Julio Lobo)②拥有法国境外最浩瀚的拿破仑收藏品;黑白混血、以从军发迹的独裁者巴蒂斯塔曾经是甘蔗种植园里的一个收割农民……

古巴"甘蔗之王"胡里奥·罗博(Julio Lobo)③拥有法国境外最丰富的拿破仑收藏品。

中国晚清驻古巴总领事谭乾初撰写的《古巴杂记》这样记载:

---

① 李春辉.《拉丁美洲史稿》(第 2 版),商务印书馆 1983 年版,第499 页。

② 《哈瓦那蔗王:古巴最后的大亨胡里奥·罗博的兴衰》(the Sugar king of Havana:The Rise and Fall of Julio Lobo, Cuba's Last Tycoon)是英国《金融时报》的记者编辑约翰·拉斯本(John Paul Rathbone)于 2010年出版的胡里奥·罗博的传记,记录了古巴岛上最富有的甘蔗种植园主胡里奥·罗博的一生。

③ 《哈瓦那蔗王:古巴最后的大亨胡里奥·罗博的兴衰》(*The Sugar King of Havana:The Rise and Fall of Julio Lobo,Cuba's Last Tycoon*)是英国《金融时报》的记者、编辑约翰·拉斯本(John Paul Rathbone)于2010年出版的胡里奥·罗博的传记,记录了古巴岛上最富有的甘蔗种植园主胡里奥·罗博的一生。

> （古巴）地土丰腴，不须肥料而能生产，尤奇者，甘
> 蔗一业，一种可留数载货十余载。其始也，将蔗分截，
> 平放或斜插于地。初年下种，次年收割。其收成之丰
> 歉，视雨之多寡。①

蔗糖业的发展有赖于大规模的生产方式，需要大量的劳动
力。与以垄断性为主要特征的西班牙王室不同，欧洲另一个殖
民列强——擅长资本运作、具有技术优势、倡导自由贸易的英
国大大推动了古巴蔗糖业的发展。1762 年，英国军队占领古
巴。英国商人除了在古巴进行投资之外，还从非洲运来了 5000
多名黑奴。同时英国占领军实施自由贸易政策，开放古巴的港
口，以低价出售商品和奴隶，使古巴土生白人的资产阶级第一
次尝到了同其他国家进行合法贸易的滋味。② 1804—1814 年
间，有 43982 名非洲人抵达古巴。大量黑人的到来改变了岛上
的人种结构。到 1827 年，古巴的白人有 311051 人，自由的有
色人种有 106494 人，黑人奴隶有 286942 人，白人约占总人口
的 44%。③ 1813—1817 年，仅仅马坦萨斯（Matanzas）一带的蔗
糖加工厂就从 37 家增加到 93 家，在哈瓦那西部的瓜纳哈伊
（Guanajay）地区，蔗糖加工厂也从 59 家增加到 122 家。④ 到了
19 世纪下半叶，古巴成为西印度群岛中蔗糖产量最高的地方，

---

① 季羡林：《季羡林文集》[第十卷：糖史（二）]，江西教育出版社
1998 年版，第 235 页。

② 李春辉：《拉丁美洲史稿》（第 2 版），商务印书馆 1983 年版，第
499 页。

③ ［英］卡丽·吉布森著，扈喜林译：《帝国的十字路口》，社会科学
文献出版社 2018 年版，第 216—217 页。

④ ［英］卡丽·吉布森著，扈喜林译：《帝国的十字路口》，社会科学
文献出版社 2018 年版，第 217 页。

并逐渐成为以蔗糖为单一经济支柱的国家。

废奴运动兴起之后,对于古巴的种植园主来说,寻求可靠的劳动力来源依旧是一个急需解决的问题。这时候,古巴开始使用中国劳工。就这样,中国劳工的命运与古巴历史融合在一起。这是一段辛酸的历史。《古巴杂记》这样记载:

> 华人之来始于一千八百四十七年(即道光廿六年),合同以八年为期,每月工银四圆,期满任由自主。不料抵岸后,待之如牛马,卖人糖寮,每月工银给以银纸,期满复勒帮工。日未出而起,夜过半而眠,所食粗粟大蕉,所穿短褐不完。稍有违命。轻则拳打足踢,重则收禁施刑。①

本章后文将详细讲述中国晚清劳工在古巴的故事。

---

① 季羡林:《季羡林文集》[第十卷:糖史(二)],江西教育出版社1998年版,第237页。

晚清浙江名臣傅云龙笔下的古巴

晚清,中国闭关锁国的大门被西方列强强行敲开。1842 年签订的中英《南京条约》开放了上海等 5 个沿海通商口岸。外国洋行及其雇用的买办纷至沓来,诱骗华工签订契约搭乘外国轮船出洋务工。1860 年末、1861 年初兴起的洋务运动,"师夷长技以制夷""中学为体,西学为用"的口号渐成风气,晚清政府开始向外国派遣外交使节、游历考察世界的官员和官费留学生,中国人由完全被动到逐渐主动地走向世界。

在走出国门、了解世界的官员中,有一名著名的浙江人,他就是傅云龙。在他传奇的经历里,古巴是重要的一站。

傅云龙其人其事

傅云龙(1840—1901),字懋元,号醒夫,是浙江德清钟管镇人。清同治年间入京,历任兵部郎中、直隶即补道。后出任北洋机器制造局会办、海军衙门帮总办、神机营机器局总办,兼办水师内学堂及会办天津海运等职。

傅云龙一生勤学不倦。他自幼熟读经史,精通国学,又励精图治钻研西学。1887 年 6 月,北京同文馆内进行了中国近代史上第一次选拔出国游历官员的考试。这次考试不考"四书五经",也不考八股诗文,只考有关边防、史地、外交等内容,试题有"海防边防论""通商口岸记""铁道论"以及"记中国自明代以来与西洋交涉大略"。早已博览群书的傅云龙"万事俱备,只欠东风"，一鸣惊人，名列榜首，成为中国近代公派出国游历官员之一。

光绪十三年(1887)9月26日，傅云龙一行12人从上海出发，开始了游历日本、美国、加拿大、古巴、秘鲁及巴西6国之行，加上途经巴拿马、厄瓜多尔和智利等国，共耗时26个月，行程近13万里。傅云龙在出国前做了充分准备，如在天津、上海考察一些洋务企业，收集各种资料，咨询中外人士，聘雇翻译仆役等。他还制作了出国交往时使用的名片，名片很大，上面写的是长长一行字"大清特派游历日本、美利加、秘鲁、巴西、古巴、英属地(加拿大)知府用加三品衔兵部郎中傅云龙拜"①。在考察途中，傅云龙也是12名官员中最仔细、最勤奋的，也是留下游历著述最多的。他为考察定下3条原则："不拾人唾余，不拘己之成见，不旷日因循。"每到一个国家，傅云龙就立即着手收集该国的地理、历史、政治、风俗、特产等资料，亲自勘察并绘制各种地图和表格，据此编制图经，仅他一人在游历期间就编写了《游历美利加图经》32卷、《游历日本图经》30卷、《游历英属加拿大图经》8卷、《游历古巴图经》2卷、《游历秘鲁图经》4卷、《游历巴西图经》10卷等，记载的内容涉及范围广、资料丰富。游历外洋回国后，傅云龙撰写的图经分批上呈光绪帝"御览"。为了褒奖他这趟"差使"完成得好，光绪皇帝批准总理各国事务衙门的奏请，将傅云龙的品秩由三品升为二品，并派往北洋大臣麾下使用。② 当时任兵部尚书、都察院右都御史、湖广总督的张之洞在给傅云龙的祝寿词中这样评价傅云龙：

---

① 王晓秋：《19世纪中拉文明的一次相遇与互鉴——清朝海外游历使傅云龙的拉丁美洲之行》，《拉丁美洲研究》2018年第1期，第58页。

② 张群：《傅云龙其人及其著述》，《河南图书馆学刊》2005年第5期，第79页。

> 所著书不下亿兆余言,要皆经天纬地之学,上谟
> 廊庙,下禆苍生,赫赫明明,昭示万代。政治严而待士
> 恩,服用俭而取与义,簿书繁而句稽捷。事所当为,虽
> 众嫉谣诼,莫或顾误。①

傅云龙先任北洋机器局会办,一年后又兼任海军衙门总帮办、会办天津海运。在任职期间,他将西学与实践相结合,励精图治,为国鞠躬尽瘁。

最近,傅云龙墓碑在浙江德清钟管镇后村被发现、证实。随后,傅云龙纪念馆在浙江德清钟管镇落成,这位晚清名臣终于在浙江故里安息。得益于傅云龙后人的捐赠,傅云龙著述和资料,大量未刊稿和手稿,目前珍藏在浙江图书馆善本特藏库和杭州图书馆特藏部。后人傅训成先生继承先祖勤奋刻苦的精神,经过数载收集资料、调查、写作,完成《傅云龙传》《傅云龙日记》等著作,由浙江古籍出版社出版。这些资料成为我们研究19世纪世界的珍贵的一手资料,也把浙江与古巴联系在了一起。

《游历古巴图经》

1887年12月5日,傅云龙到达古巴首都哈瓦那,由中国驻美使馆随员李之骐接待其过海关、住旅店。第二天先逛书店,买古巴图册,游览哈瓦那大花园。傅云龙还向中国领事馆人员、古巴官员和当地人士了解古巴的电线、邮政、火车、铁路、炮台、兵船等情况。12月21日正值冬至日,应谭乾初总领事相邀

---

① 张群:《傅云龙其人及其著述》,《河南图书馆学刊》2005年第5期,第80页。

到中国驻古巴领事馆行礼,因半夜无车只得与翻译卢阿昌步行前往。为了安全,领事馆请了一位古巴警察随行保护,那位古巴警察听说傅云龙是中国的官员,惊讶地对翻译说,这么早穿着官服在大街上走,傅先生真是第一人![①] 傅云龙在古巴共逗留了 17 天,依据自己在古巴的调研情况,撰写了《游历古巴图经》(2 卷)、《游历古巴图经余纪》(1 卷),以及有感而发、即兴创作的不少诗篇,记录在《游古巴诗董》(1 卷)中。

《游历古巴图经》共 2 卷,分为 9 类 37 目。首先指明古巴的地理位置,然后做中国与古巴时差表,并简述古巴的历史沿革。该书分门别类介绍了古巴各方面的情况,如地理形势、城市、岛屿、河流、疆域、风俗、人口等。书中还介绍了古巴的物产、钱币、税收、贸易、银行、矿业、工业、铁道,以及军事、陆军、海军、炮船、炮台、官制、法律、艺文和金石(文物)等等。

根据傅云龙的调查,古巴在 1888 年人口已达 159.898 万。由于古巴岛的大多数原住民已经在西班牙殖民时期被殖民者屠杀,所以,不论国民的服饰、建筑还是风俗习惯方面,古巴都是一个非常"西班牙化"的国家。傅云龙这样记载:

> 古巴属日斯巴尼亚国,今已三百九十八年(计至光绪十五)。土人虽自有俗,已习其十之八九。秘鲁初亦同属,若服色,若饮食,若居处,若昏祭,类非径庭,而主奴之性,党伐之情,则难可同日语。男高冠,以缎为之,衣燕尾,衣尚黑。女袒而曳长裙。平日男冠或毡或草,衣或黑或白,或杂色。女冠无定式,衣无

---

① 王晓秋:《19 世纪中拉文明的一次相遇与互鉴——清朝海外游历使傅云龙的拉丁美洲之行》,《拉丁美洲研究》2018 年第 1 期,第 59 页。

定色。出以黑纱罩首。饮食之味与中国略近。屋高楼敞，门窗四开，地鲜铺毯。凡榻辄藤，铁床纱帐，板瓦石垣，多日斯巴尼亚旧式。①

古巴的支柱产业是制糖业和烟草业。傅云龙对这两个产业进行了细致调查，发现古巴制糖机器均靠进口。傅云龙这样描述古巴的制糖过程：

其寮初一千三百六十五，至今光绪十四年，仅八百所。大小有差，机器巨者，一直银十万元有奇，次万，又次数千，购自英吉利、法郎西、美利加居多。压蔗机有铁辘轳三，安置如品字形图，如转竹。蔗渣中出汁贯渠筒，伏流达镬，曲折注池。筒与池并铁为之，汁冷转入木桶中，渗出即糖胶也，居糖十二之一（糖十二桶出胶一桶）。胶未渗净，则糖不成。渗以十二日为率，制糖一斤，以蔗十五斤为率。其直银以桶计，糖约三十五元，冰糖、砂糖约六十元，糖胶二十至二十二元。其一桶为六十阿罗巴，一阿罗巴为二十五磅。入蔗出糖，并繇铁道。火车长者费银二三万元，次数千，又次数百。②

同时，傅云龙还考察了古巴的烟叶加工厂。古巴的烟叶加工厂大多集中在哈瓦那、比那德里奥（Pinar del Rio）和马坦萨（Matanza）三省。人人都说古巴的烟叶香烈，为五大洲之首，但

---

①　傅云龙：《游历古巴图经》，朝华出版社 2019 年版，第 40—41 页。

②　傅云龙：《游历古巴图经》，朝华出版社 2019 年版，第 50 页。

是傅云龙不掩饰自己的不以为然。傅云龙这样记载道：

> 停工时闻其制法，大吕宋烟以其叶卷，长二寸余，小吕宋烟卷之以纸，而包数有差，或十，或十二，或十四，曰叶，曰碎叶。食者自卷佥，谓香烈为五大洲冠，云龙则周知其味。①

或许这就是东西方差异吧！事实上，古巴雪茄至今主要销往西方国家，在我国并不是一件热销的商品。

傅云龙在考察古巴途中，还即兴写下了 32 首古巴记游诗，其中最引人注目的是记述华工悲惨命运的诗篇，如《招工船》《田寮工》等。根据傅云龙的调查，在清代末年，华工前往古巴者不下 120000 人，还有 17000 人未能登岸而丧生途中。在傅云龙考察古巴时，在清政府的调解下，大部分华工已经恢复自由身，清政府已经在古巴建立了领事馆，保护当地华人的合法权益。本章第三节将详细讲述中国华工在古巴的辛酸历史。

---

① 傅云龙：《游历古巴图经》，朝华出版社 2019 年版，第 61 页。

"在古巴的中国人，没有一个是逃兵，没有一个是叛徒。"

古巴哈瓦那的唐人街曾经是拉丁美洲最大、最古老的唐人街。在亚洲之外，来到古巴的华侨在规模和影响力上仅次于美国的华人。"契约"华工在经历古巴民族独立战争后大都拥有自由身，可以经营商店、餐馆、农场乃至工厂等。随着美西战争结束以及古巴共和国成立，在美国资本的刺激下，古巴迎来了一个经济大发展的时期。从 20 世纪初起，掀起了华人移民古巴的另一个高潮，大量中国人移民古巴。20 世纪 20—30 年代，在古巴的华人达到 24000 人左右。古巴中国城也因此发展起来，成为拉美最大的中国城之一。华人因为艰苦奋斗的优良传统，很快就在古巴商界脱颖而出，有了一定的财富积累。抗日战争时期，拉美华侨积极出钱出力，共捐助 815 万美元，其中古巴 240 万美元，墨西哥 200 万美元，秘鲁 104 万美元，多米尼加 51 万美元，特立尼达 48 万美元，苏里南 28 万美元，圭亚那 25 万美元，巴拿马 19 万美元，委内瑞拉 14 万美元，尼加拉瓜 14 万美元，智利 14 万美元。[①] 古巴华侨在抗战捐款榜上高居榜首，可见，古巴华侨的实力在拉美诸国中最为雄厚。

然而，这个曾经生机盎然的华人街区，近数十年来已经走

---

① 杨发金：《拉美华侨华人的历史变迁与现状初探》，《华侨华人历史研究》2015 年第 4 期，第 37—46 页。

向式微。现存的古巴唐人街坐落在哈瓦那市中心，紧靠国会大厦，入口处有个高大的中国式牌坊，上书"华人街"，但事实上已没有多少中国痕迹。里面的"中国城"也不大，只有三四家中餐馆。然而，在哈瓦那市内最长的一条街——利内亚街旁边的小广场上竖着一块纪念碑——旅古华侨协助古巴独立记功碑，碑上铭刻着"在古巴的中国人，没有一个是逃兵，没有一个是叛徒。——贡萨罗·德·格萨达"。贡萨罗·德·格萨达(Gonzalo de Quesada) (1868—1915)是古巴著名的爱国者、诗人，是古巴民族英雄何塞·马蒂的学生和战友。他在《古巴独立战争中的中国人》一书中详细记录了中国华侨与古巴人并肩作战，为自由而流血牺牲的事迹。这句话便是出自他的这本著作。这块碑非常醒目。古巴各界人士每年都会前来凭吊，缅怀为古巴独立而献身的中国兄弟。2019年，哈瓦那市政府对这块纪念碑以及所在的公园进行了翻新和修缮。

中国人是如何到达遥远的古巴的？在19世纪以前，黑人奴隶贸易盛行于美洲与非洲，给殖民者带来了巨大的财富。19世纪初，拉美新独立国家先后宣布废除奴隶制，拉美的种植园主、矿场主以及外国资本家不得不另找廉价劳动力来源。衰败中的清王朝、勤劳的中国人成为西方列强的目标。

晚清驻古巴领事馆的建立

第二次鸦片战争之后，中国被迫与西方列强签订了《北京条约》，在西方列强的施压下，清政府被迫准许外国人在中国招募华工出国务工，很多中国人因此踏上了美洲的土地。1864年9月，趁清政府第二次鸦片战争失败之机，西班牙(在晚清公文和条约中，西班牙均被称为"日斯巴尼亚"，为符合现代阅读习惯，本书均使用"西班牙"这个国名)也派使赴中国签订条约，逼迫晚清政府给予西班牙与英、法等国相同的权力和利益。1864年9月10日,清廷钦差大臣薛焕、三口通商大臣崇厚与西班牙全权大臣依撒别拉嘎多利嘎玛在天津签订条约,条约规定,西班牙和英、法等国一样,在中国具有招工合法权和最惠国待遇。西班牙运送"苦力"的船只可以明目张胆地游弋在华南沿海的海面上,"苦力"贩子在其领事的庇护下,纷纷在中国各通商口岸设立招工机构,诱骗民众,将其载往极远的陌生之地。

1847年(清道光二十七年)6月3日,西班牙殖民当局通过英商朱利塔公司的奥奎多号(Oquendo),装载从厦门出海的212名华工(6名在途中死亡)抵达古巴哈瓦那港。9天后,该公司的第二条苦力贸易船阿吉尔公爵号(Duke of Argyle),满载400名华工(85名在途中死亡)抵达哈瓦那。[①] 随后,契约华工被源源不断地运往拉美,古巴和秘鲁成为华工最集中的地区。他们作为非洲奴隶的替代品,被补充到甘蔗种植园和制糖厂。据中方统计,1847—1874年间,共有143040名华工被运往古巴,实际有126008名华工到达古巴。据国外学者估计,1847—1874年间,共有20万—25万名华工被运往古巴。[②] 由于中国至古巴路途遥远,在当时的航行条件下,华工在船上要待几个月甚至一年的时间,船上空间拥挤,医疗卫生条件差,食物和水供应不足,很多华工还没到古巴就葬身大海。华工在海上死亡

---

① 林被甸:《跨越太平洋:中国与拉丁美洲的文化交流》,《中国拉丁美洲史研究会、山东师范大学历史文化与社会发展学院、中国拉丁美洲史研究会第七届会员代表大会暨"拉丁美洲现代化进程研究学术讨论会"论文汇编》,2007年,第299页。

② Fornés-Bonavía D, Cuba Cronológica, *Cinco Siglos de Historia, Política y Cultura*. Madrid: Ed. Verbum, S. L., 2003, p. 64.

率之高,达到 14%,令人惊骇。① 侥幸活着到古巴的华工,作为
黑奴的代替品,受到非人待遇,困苦不堪,或过早力衰精竭,或
命丧异国他乡。所有资料都显示,华人劳动力在古巴都活不到
10 年。②

　　在官方文件中,这些华工并不被称为"奴隶",而是被称为
"契约华工"或"苦力",因为晚清华工在出国之前订立契约,载
明工资待遇,以 10 年为满工之期,期满后,华工有人身自由,可
以回国也可以在古巴另谋工作。然而,这种形式上的劳动雇佣
关系无法掩饰其背后变形的奴隶制。因为一般古巴工人每月
工资为 16 到 20 比索,但种植园主在供给华工一些简陋的衣食
的条件下,每月只付工资 4 比索,远远低于古巴工人。合同到
期之后,得不到满身纸的话,要么入官工所做无偿官工,要么还
是重复以前的生活。事实上绝大多数华工满身后得不到满身
纸,即使得到满身纸,找到好一点儿的工作,收入也是 10 比索
上下。除了生活花费,所剩无几。③

　　西班牙驻华使节并不承认虐待华工一事,两广总督不予批
准西班牙招工局招工前往夏湾拿(即哈瓦那)等地承工,西班牙
使节竟然要求中国赔偿地主公司因招工停止所受损失 333892.5
洋元。④ 最后采纳了英使威妥玛的建议,即中国派人前往古巴
实地考察,若所察属实,中国不必赔偿西班牙损失,西班牙方招

　　①　赵鉴军:《晚清驻古巴领事对华工境况的改善》,《前沿》2011 年第
14 期,第 177 页。
　　②　赵鉴军:《晚清驻古巴领事对华工境况的改善》,《前沿》2011 年第
14 期,第 178 页。
　　③　赵鉴军:《晚清驻古巴领事对华工境况的改善》,《前沿》2011 年第
14 期,第 177 页。
　　④　陈翰笙主编:《华工出国史料汇编》(第一辑),中华书局 1984 年
版,第 545—547 页。

工自应禁止。若所察不实,西班牙自应讨问赔补,招工仍当继续。

于是,1873年12月26日,税务司吴秉文来到美国,1874年1月3日随同晚清首任中国驻美公使陈兰彬一同起程,于1月29日抵西班牙殖民地国古巴的夏湾拿(即哈瓦那),对华工进行调查问询。到3月23日离开,历经84天,陈兰彬在西班牙当局的严密监视之下,排除万难,访查了古巴大部分地区,录得华工口供1176页。据各华工供察,有十分之八系被拐骗而来。多年来在各处被打死、伤死、服毒死、投水死、投糖锅死的华工"累累不绝",凌虐之情实乃人神共愤。

陈兰彬的调查报告,引起了中国国内乃至世界舆论哗然。但是西班牙驻华使臣对调查团的报告极为反感,认为言过其实,极力为自己辩护。清政府要求西班牙整改之后才能准予继续招工。1877年11月17日,西班牙不得不与清政府签订《古巴华工条款》,该条约共16条。该条约翻译成西班牙语、法语和中文3种文本。其主要内容是:第一,西班牙不再使用诱拐掳掠的方法获取华工;第二,采取保护华工的措施,包括中国在古巴设领事馆保护华工;第三,古巴华工的各种规章。[1] 清政府尽管没有达到禁止招工的目的,但至少为古巴华工在岛上的生活和务工争得了基本权利。

为了落实与西班牙签订的《古巴华工条款》,时任驻美国、西班牙、秘鲁三国公使的陈兰彬前往西班牙落实在古巴建立领事馆一事。第一任领事馆成员有刘亮沅(总领事)、陈善言(领事,兼驻马当萨斯领事)、刘宗骏(随员)、廷铎(法文翻译)、杨荣

---

[1]　梁碧莹:《陈兰彬与晚清外交》,广东人民出版社2011年版,第266—268页。

忠(学习随员)、谭乾初(英文翻译)。领事馆一行 6 人于 1879
年 10 月 26 日正式抵任。①

　　领事馆的建立是古巴华人的福音。晚清官员在古巴任职
期间,为保护海外华工的合法利益,提高华工的社会地位,不遗
余力,辛苦奔波。中国在古巴设立领事馆后,勒索既无,稽查尤
少,华人得以安居乐业。同时一些民族歧视政策也被取消,从
前不准华人住大客寓,穿中国衣服,留辫发,坐大马车,赴官会,
一切苛刻之例,概行删除。做工时间也减至 12 小时。正因为
这种改变来之不易,让华工刻骨铭心,也就难怪"各埠老华侨馆
中陈氏(兰彬)肖像赫然尚在,召伯甘棠,尚留去思,可见陈氏得
民心之深矣"②。

　　后来,随着美国排华浪潮的兴起,有些原本在美国修建铁
路的华侨也从美国的加利福尼亚州来到古巴定居。被解放了
的古巴契约华工成为华商的雇工,他们艰苦勤奋,为雇主带来
丰厚的利润。来自加利福尼亚的华侨大多是已经拥有一定资
本的商人,这些更专业的中国移民在古巴发现了绝好的投资机
会。古巴哈瓦那的桑哈大街首先出现华人的店铺,其后在拉伊
奥斯、库契略、德拉贡内斯、卡姆帕纳里奥、萨鲁特和曼里盖等
几条大街华商渐集,哈瓦那的唐人街就是在此基础上发展起来
的。华人逐渐融入古巴的主流社会。鼎盛时期,旅古华侨达到
15 万人,居美洲之首。张荫桓在日记中这样记载:"华人佣力自
食,无官工所束缚,拐贩绝迹,商贾渐集,蔚然可观。前年直粤
水灾及海防诸费,领事官劝谕华人捐助,一呼而集二万余金,可

　　①　谭乾初:《古巴杂记》,《晚清海外笔记选》,海洋出版社 1983 年
版,第 223 页。
　　②　赵鉴军:《晚清驻古巴领事对华工境况的改善》,《前沿》2011 年第
14 期,第 179 页。

谓不忘本矣。"①

由于越来越多的华人聚集在古巴,必然需要最有能力的外交官驻扎在古巴。继刘亮沅为驻古巴总领事之后,众多晚清外交名臣,如陈善言、谭乾初、余思诒、黎荣耀、张荫桓、关以钧、周自斋、廖恩熹、吴寿全等人先后出任古巴总领事。光绪二十三年(1897),古巴脱离西班牙宣告自治之后,中国改派公使到古巴。梁诚(1902 年 8 月—1907 年 7 月)、伍廷芳(1907 年 9 月—1909 年 12 月)、张荫棠(1909 年 8 月—1911 年)、施肇基(1911年—1912 年)等也曾作为钦差大臣出使古巴。

出于对古巴华侨子女长期在海外生活,对中国传统文化很可能会逐渐疏离的担忧,晚清著名外交家、驻古巴总领事张荫桓推动创办古巴学堂。他曾表示:"习闻习见,若不泽以诗书,久将流为异类。"于是他命令古巴领事馆妥筹办理学堂,教习中文、西班牙文,既能成诵,进习法文,文字既通,即分门学习武备、制造、算学、律例等。古巴学堂刚刚成立之际,张荫桓就亲往查看,亲自制定《古巴义学章程》。② 在他的推动下,古巴、马丹萨两领事官及该埠商董捐办了古巴学堂,"不存因陋就简之心,期收拔十得五之效"。海外中西学堂的创立承载了弘扬中华民族传统文化的重要使命,教育是凝聚中华民族向心力,使中华文明绵延不绝、代代相传的一种最好方式。

但是,应该看到,虽然古巴华人的境况得到很大改善,但其社会地位并未得到彻底提高,仍受到西班牙殖民者和种植园主的盘剥。特殊的时代决定了海外华人的苦难命运。但是,古巴

---

① 任青、马忠文整理:《张荫桓日记》,中华书局 2015 年版,第 211—212 页。

② 王莲英:《张荫桓与海外中西学堂的创办》,《历史档案》2014 年第 2 期,第 114—117 页。

华工是海外华工史上的一个重大事件，它标志着晚清政府对海外华人的态度从漠视到关注，从毫无保护措施到设领事馆加以保护，中国的使臣制度也从被动转为主动。即使在当今的中国侨务工作中，陈兰彬的外事经验也起着借鉴作用。

契约华工对古巴革命的贡献

"聪明、安分、老实、谦卑"的契约华工永载于古巴史册中。一些最先使用华工的古巴种植园主都称赞华工"具有与我们的文化不同的先进文化"。1850—1868 年，古巴糖产量增长了 3 倍。因此，制糖中的一些技术性较强的工作，如榨糖、提纯，主要由华工承担。相关统计表明，华工输入多少，对于古巴蔗糖产量的增长具有重要影响。1858 年、1866 年、1867 年输入苦力最多，随之而来的 1859 年和 1868—1870 年古巴的糖产量的增长也最快。正如陈兰彬所说："该国入款以古巴糖税为大宗，而糖寮出息，又以华佣多寡为盈拙关键，故该国上下无不注重招工。"

1868 年，古巴爆发了前后历时 30 年的独立战争。抱着反抗西班牙残暴统治的决心，契约华工毅然选择了与古巴起义者并肩作战，为推翻西班牙的殖民统治贡献智慧和力量，涌现了一大批勇敢的华工战士。其中，不少中国战士擢升为革命军官，用生命凝成了光辉的革命友谊，其卓越表现可浓缩成哈瓦那"旅古华侨协助古巴独立纪功碑"底座上的题词："在古巴的中国人，没有一个是逃兵，没有一个是叛徒。"

在 10 年战争时期（1868—1878），古巴东部的华工几乎全部参加了起义，加入革命的大军中。一些学者认为，参加 10 年战争的华人在 2000—4000 人之间。另一些学者认为，包括白人、黑人和华人在内的所有起义者人数在 7000—30000 人之间,在所有起义者中,不同时期的华人占总人数的 1/6 到 1/4,直接参战的华人人数在 2000—5000 人之间,还有不少华人在敌后方默默支持战争。总之,大量华人参与了古巴的独立战争。在纽约出版的报纸《古巴之星》(*Estrella de Cuba*)提到,所有来自古巴的消息都提到中国人在战争中的表现。在 10 年战争中涌现出许多著名的华人战士,如中医王森(Liborio Wong)、赖华(Captain José Tolón)、邓克多(Captain Tancredo)、胡德(José Bu Tack),他们成为独立战争中的楷模。其中,胡德是古巴独立战争主要领导人马克西莫·戈麦斯的朋友和心腹,大大小小的战役中都有他的身影。①

在小战争时期(1879—1880),革命陷入低谷,但是华工经受住了威逼利诱的考验,拒绝为殖民者服务。一些华人躲进山区的丛林中,以游击战来对抗强大的西班牙殖民者。

最后是第二次独立战争时期(1895—1898)。这一时期的华人华侨为夺取古巴独立战争的最后胜利立下了赫赫战功。根据古巴 1901 年宪法,为独立战争战斗 10 年的人有权参与总统选举获得总统候选人资格,前面提到的华侨赖华和胡德就是为数极少的有此资格的外国人。古巴爱国诗人何塞·马蒂的战友贡萨罗·德·格萨达将军在《中国人与古巴》一书中赞扬说:"在古巴的中国人没有一个不曾拥抱过自由的事业。当他们一旦被俘,又视死如归,英勇就义。他们为古巴独立,慷慨地流尽了自己最后一滴不留名的鲜血。他们不抱任何追求个人名利的欲望,也从不企求得到感谢的花束。"古巴的另一个起义军领袖阿格拉蒙特将军也赞扬说:"甚至我自己都以为我是中

① 唐华琛:《简述华人华侨对古巴独立战争的贡献》,《黑河学刊》2017 年第 1 期,第 73 页。

国人。"①

还有一些华侨也参加了卡斯特罗领导的反独裁武装斗争(1953—1959)。其中有一位莫伊塞斯·邵黄(Moises Sio Wong,1939—2010)将军,他年轻时就参加了卡斯特罗的队伍,曾担任国家物资储备全国委员会主任,兼任古中友好协会主席。1966年,他曾随劳尔·卡斯特罗访华,还当选为古巴第四届人大代表。

华侨与古巴人：双向融入

与华侨在世界其他大部分地区不同,在古巴的中国人完全融入了古巴社会。由于晚清来到古巴的大多数中国人都是契约工人,几乎都是男性,他们在恢复自由身之后,与古巴妇女结婚、生子,组建起跨国家庭。这些中国男人身上的中华文化深深感染着自己的古巴妻子,也把中国文化传递给他们的下一代。古巴的社会融入了中国人带去的中华灿烂文化。中华文化中的饮食习惯、思维方式、习俗信仰、艺术表演等各种精神文化成分融入古巴民族文化的因子里,在一定程度上可以说,中华文化与西班牙文化、非洲文化一起,共同构成了古巴文化的3种基本成分。

在古巴,Fung、Chiu、Lam、Chang、Wong、Hung、Chong等姓氏比比皆是②,这些都是当时华侨留传给下一代的姓。其中最具代表性的中国姓Chang、Fung、Chiu的家人还获得了2009

---

①　唐华琛:《简述华人华侨对古巴独立战争的贡献》,《黑河学刊》2017年第1期,第73页。

②　由于古巴的契约华工大多为广东人,因此他们的姓的拼音是粤语的拼音。Fung、Chiu、Lam、Chang、Wong、Hung和Chong分别对应普通话中的冯、赵、林、郑、王、孔、庄。

年由古巴文化研究所(ICIC)颁发的国家鲜活记忆奖(Premio Memoria Viva)。

古巴最有名的艺术中心——"维夫雷多·拉姆(Wifredo Lam)当代艺术中心"以华裔古巴艺术家 Wifredo Lam(1902—1982)的名字冠名。Wifredo Lam 有一个中文名字——林飞龙,他的父亲就是清末移民古巴的广东人,Lam 就是粤语中"林"的发音。林飞龙被誉为古巴的毕加索。他与生俱来地承接了中国裔、非洲裔、印第安裔及西班牙裔的血脉及文化传统,并将这些文化元素浓缩在"超现实主义"的画作中,化为充满力量的绘画符号,成为文化融合的典范。

古巴人信仰里一个独有的神明叫"San Fan Kon(三番公)"或"San Fancón"。在这个名字里,"公"的西班牙语读音是 CON,而早期来古巴的广东移民大多数是台山人,台山话中"关"发成"fan"的音,因此,古巴的神"San Fancón"可以说就是中国关公的音译。有古巴人类学家专门研究中国的关公,如古巴人类学家何塞·巴尔塔·罗德里格斯(José Baltar Rodríguez)展现的一则祈祷文中,关公与他在《三国演义》中桃园结义的兄弟张飞、刘备在一起。他们 3 个成了古巴人熟知的中国的"三位一体",在某种程度上他们被融进了基督教传统。而另一名古巴人类学家伊斯拉艾尔·莫里内尔(Israel Moliner)则认为古巴人所信仰的 San Fancón 就是有着广东人和黑人血统的萨泰里阿教的一名祭司。[①] 这种"跨文化"现象在古巴文化中屡见不鲜,中国传统文化中的元素与当地宗教、文化融为一体。

_____

① 班国瑞著,杨艳兰译:《关公与观音:两个中国民间神在古巴的变形》,《八桂侨刊》2014 年第 4 期,第 3—12 页。

此外,赴拉美的华工基本上是农民,精通农业和园艺,他们把中国农业生产技术带到了拉美。17世纪末水稻种植已传入古巴,在后来大批到达的契约华工的努力下,生产技术不断得到改进,古巴水稻种植业有了很大的发展。1862年,古巴可耕地面积已超过100万公顷,比1827年扩大了一倍。①

中国华工还给古巴带去了中医。中医在治疗黄热病、肺结核等疾病中慢慢累积了声誉,而且,他们成功治好了一些当时西班牙医生治不好的病,并且收费低廉,甚至免费给穷人看病。19世纪中叶,古巴人甚至创造了一句俗语"连中国医生也救不了",来形容病入膏肓者。广东台山县的陈黄阳,1858年赴古巴哈瓦那,用中医药为华侨及当地人治病,成为远近闻名的中国医生。广东新会县的李锦泉,原行医澳门,1873年被拐卖到古巴,也在哈瓦那行医,深受古巴底层人民喜爱。古巴人孔斯塔根据一位中医的口述,详记其医疗方法,编辑成书《中国医生:天朝医学概论》,在古巴颇有影响。1868—1878年古巴第一次独立战争中,华工王森,也是一位有名的中医大夫。这位身兼医生的战士,由于功勋卓著,受到古巴共和国领导人和古巴人民的高度赞扬。②正是继承这份对中医的热爱,古巴建国后,在时任古巴革命武装力量部部长劳尔·卡斯特罗的亲自督办下,由中方派出针灸专家对古巴军队的医务人员进行培训,首先在

_____

①　林被甸:《跨越太平洋:中国与拉丁美洲的文化交流》,《中国拉丁美洲史研究会、山东师范大学历史文化与社会发展学院、中国拉丁美洲史研究会第七届会员代表大会暨"拉丁美洲现代化进程研究学术讨论会"论文汇编》,2007年,第306页。

②　林被甸:《跨越太平洋:中国与拉丁美洲的文化交流》,《中国拉丁美洲史研究会、山东师范大学历史文化与社会发展学院、中国拉丁美洲史研究会第七届会员代表大会暨"拉丁美洲现代化进程研究学术讨论会"论文汇编》,2007年,第308页。

军队里实行针灸疗法,取得良好效果后逐步扩展到社会上去,古巴卫生部还专门出版了关于针灸的著作《手针实践》,针灸疗法在临床上首先被用于缓解疼痛综合征,其后是用于减肥治疗,不久又用于治疗精神疾病及身心疾病。既有益健康又费用低廉的针灸疗法被纳入国家医疗保健系统。① 卡斯特罗政府还下决心大力发展成本较为低廉的中草药产业,在全岛建立了169 个"草药治疗中心",力图将中草药本土化,古巴现代药理学很大程度上来源于中国传统草药医学。每年有近百万古巴人接受针灸治疗,针麻和针灸被一些大医院广泛采用,首都哈瓦那的几所大医院还开设了针麻研究和埋线疗法。古巴医学及临床中也开始采用针灸和中草药等。

古巴华人还建立了自己的社团组织,向古巴人民宣传中华文化。其中,规模最大的要数中华总会馆(Casino Chung Wah)。中华总会馆匾额的落款是"钦差出使美国秘国大臣二品顶戴翰林院侍读崔国田题"。此匾制成于 1893 年 5 月 9 日,即中华总会馆注册在古巴协会登记处正式成立之日。此匾位于大厅的正面,在对面悬挂的是中国驻古巴前大使陈久长写的另一块"华光永照"的牌匾,这是为了纪念中华总会馆建立 100 周年而制。②

作为一个华人互助的场所,中华总会馆一时成为西半球第二大华人组织。一开始,只有 100% 中国血统的人才能成为该会馆的会员。1951 年之后,父母一方为中国人的古巴人也可以登记到该会馆名册中。到 1983 年,中国人的后代(包括非婚生

---

① 肖雅:《中国与古巴卫生交流与合作初探》,《西南科技大学学报》(哲学社会科学版)2017 年第 3 期,第 13 页。

② 庞炳庵主编:《中国人与古巴独立战争》,新华出版社 2013 年版,第 133 页。

的子女)都可以注册到该会馆中。到 2002 年,中华总会馆共有 2866 名会员,其中只有 314 人是 100％中国血统的中国人。

1959 年古巴革命取得胜利,1960 年古巴与新中国建交,旅古华侨华人社团的事业也进入了一个新阶段。在历史最辉煌时期,该会馆曾管理着以下机构①:

(1)用中文出版的报纸《光华报》(*Kwong Wah Po*,或者 *China Brillante*)。《光华报》于 1928 创刊。创刊人是进步华侨黄淘白②,报名《工农呼声》,1932 年改为铅印《前进报》。中国抗日战争爆发后,易名为《救国报》,1944 年改为《光华报》。"光华报"这 3 个字还是古巴华人利用董必武 1945 年到美国参加联合国成立大会的机会请董必武写的。③《光华报》在 1951 年被独裁政府关闭。古巴革命胜利之后,《光华报》复刊,从 1987年起,成为中华总会馆的信息和宣传性报纸。该报纸到 1996

① 关于中华总会馆的介绍,参见 http://www. barriochinocuba. com/federacion/historia. php。

② 黄淘白是革命进步分子。1927 年大革命失败之后,革命进步分子遭到国民党右派蒋介石、汪精卫的血腥屠杀,不少志士仁人流亡国外,足迹遍布东南亚和欧美。也有不少人远至当时华侨云集的古巴。黄淘白到古巴不久,继续投入革命工作中,积极号召和团结在古巴的一大批爱国华侨志士,组织一个华侨团体会,名为"救国大同盟",许多华侨纷纷加入这个团体会,从事地下革命工作。黄淘白于 1928 年 3 月 20 日创办《工农呼声》报,每月出版一次,宣传、发动爱国华侨参加、支持国内革命斗争工作。这批革命同志在古巴的秘密活动,很快被在古巴的国民党反动派发现。反动派视这批革命同志为眼中钉,千方百计暗中勾结古巴独裁政权,把黄淘白同志拘捕下狱,迫害致死。关于这段历史,见庞炳庵主编:《中国人与古巴独立战争》,新华出版社 2013 年版,以及《光华报与古巴华侨社会主义同盟》,中国致公党广东省委员会网站 http://www. gdzgd. cn/? tbl＝zgd_t37&cle＝1351494595。

③ 庞丙庵主编:《中国人与古巴独立战争》,新华出版社 2013 年版,第 76 页。

年之前完全用中文出版。直到 1996 年才发布了一页西班牙语的报道,这是为了让已经完全古巴化的中国人的后代也能了解中国的文化和传统。

(2)中华中药店(Chung Wah)。该药店每年都向会员提供中药。

(3)中华颐侨园(Chung Wah)。该养老院从 1974 年起由古巴公共卫生部管辖。

(4)哈瓦那华人公墓。1882 年 12 月 11 日,中国驻哈瓦那第一位领事发起了建造第一个中国墓地的倡议,然而,因为天主教会的反对,许可证在 11 年后于 1893 年 5 月 20 日才正式授予华人社区,华人公墓于同年 10 月正式建成。目前由哈瓦那省政府管辖。该墓地被古巴政府宣布为国家文物古迹。

19 世纪末 20 世纪初到达古巴的契约华工陆陆续续都已经离世,1959 年古巴革命胜利之后,大多数华侨有产者移居他国。之后,虽有中国人陆陆续续来到古巴,但是很少定居古巴。到 20 世纪 70 年代,旅古华侨总共约 8000 人,其中拥有中国国籍的华侨 6000 人左右,大部分是 65 岁以上的老人。[1] 现在纯粹的老华侨已经不到 100 人。1997 年时,中华总会馆曾举办招待会,纪念华人到达古巴 150 周年。参加招待会的华人后代大多已没有了中国人的相貌特征,也不会说汉语,但是他们的记忆里还保留着关于中古交流的历史。

1999 年,中国政府出资修缮了哈瓦那中国城的城门,让这一段华侨在古巴的辛酸史、革命史和友谊史不被历史的潮流淹没。

---

[1]　庞丙庵主编:《中国人与古巴独立战争》,新华出版社 2013 年版,第 162 页。

中篇

古巴的今生

光荣与梦想：菲德尔·卡斯特罗

从一定意义上讲,古巴的现代史是由菲德尔·卡斯特罗书写的。卡斯特罗是"吓不怕、压不垮、打不倒"的硬汉,他的一生真正体现了"富贵不能淫,贫贱不能移,威武不能屈"的气节。卡斯特罗执政时间达 49 年(1959—2008),他不仅受到古巴人民的爱戴,更得到世界各国人民的尊敬。他曾与 10 个美国总统斗争:艾森豪威尔、肯尼迪、约翰逊、尼克松、福特、卡特、里根、老布什、克林顿、小布什。美国对古巴实行贸易禁运和金融封锁长达 60 余年,阻挠了古巴的正常发展,给古巴人民带来了悲剧性的后果,而卡斯特罗本人也不断遭受来自美国中情局的暗杀,然而,没有一个美国领导人能够打败古巴,消灭卡斯特罗,更加无法改变古巴革命的方向和古巴的社会主义制度。在卡斯特罗的领导下,古巴成为世界小国之中最具亮点的国家,制造出一种世界级的大国政治——敢于和美国较量,甚至在一定程度上深刻影响了其他第三世界国家的政治生态。

卡斯特罗虽然已逝,但是他的精神激励着一代又一代世界左翼进步知识分子。在卡斯特罗的带领下,古巴的共产主义早已超出其本身正统的含义。古巴因此成为世界左翼知识分子心中的"乌托邦"和"处女地",因为它是"文化独立""摆脱欧洲中心主义""对抗霸权""反对帝国主义和新自由主义秩序"的重要参照。

"富贵不能淫,贫贱不能移,威武不能屈"的历史伟人

卡斯特罗的思想成长过程具有十分清晰的、从成长到升华的轨迹。1926 年,卡斯特罗出生在古巴奥尔金省比兰镇一个种植园主家庭。当时的古巴政治动荡,帝国主义势力对古巴横加干涉,民主力量和独裁势力展开激烈交锋,政变频仍。民主爱国力量苦苦探索争取自由、民主和解放的思想和道路。在这股历史的洪流中,少年时代的卡斯特罗阅读了大量关于古巴独立历史特别是古巴民族英雄何塞·马蒂的著作,立志成为马蒂主义者。他对古巴劳苦农民怀有深切的同情,反对父亲虐待自己的雇农,为此多次与父亲争吵。他的第一个"革命"对象就是自己的家庭。13 岁时,卡斯特罗组织蔗糖工人进行反抗自己父亲的罢工。1945 年,卡斯特罗考入哈瓦那大学法律系。那里,民主思想活跃,卡斯特罗受此熏陶,对政治产生浓厚兴趣。针对当时存在的难以解答的社会、政治和经济问题,卡斯特罗如饥似渴地阅读了大量政治经济学著作,包括马克思和恩格斯的著作。他开始意识到资本主义社会的缺陷,对资本主义制度产生怀疑。卡斯特罗开始形成自己坚定的革命思想。他构思了今后的斗争战略,宣布革命纲领,组织人民起义,武装夺取政权,恢复古巴的宪政民主。1953 年,年仅 27 岁的卡斯特罗领导134 名热血爱国青年,攻打蒙卡达兵营,旨在夺取武器,为革命做准备。然而,卡斯特罗的第一次革命失败了。卡斯特罗被捕

入狱。在法庭上，因为政府阻挠他寻找自己的辩护律师，卡斯特罗决定为自己辩护。他在法庭上发表了著名的辩护词《历史将宣判我无罪》，无情地鞭笞了政府无视法制、镇压正义、践踏人权等恶行，铿锵有力地说出人道自由主义的政治追求，他这样说道：

"我们是为古巴的自由而战斗，我们决不为此而反悔，在那里受审的不是革命者，而是一位叫作巴蒂斯塔的先生，杀人魔王！如果明天这个独裁者和他的凶残的走狗们会遭到人民的判决的话，那么这些勇敢而高尚的青年人现在受到判决又算得了什么呢？判决我吧！没有关系，历史将宣判我无罪。"

"历史将宣判我无罪。"这句话后来成为历史学家用来评价卡斯特罗的著名语句。

入狱 18 个月后，卡斯特罗在大赦中获释，随后流亡墨西哥。他在墨西哥并没有停止革命活动。当时 29 岁的卡斯特罗和他率领的革命组织在墨西哥完成训练并且得到经费、士兵和武器资助，还获得了"格拉玛号"这艘永远载入史册的游艇。1956 年 11 月 26 日，卡斯特罗和切·格瓦拉、劳尔·卡斯特罗等热血青年携带着少数步枪和 2 门无炮弹的反坦克炮，驾驶着"格拉玛号"游艇离开墨西哥海岸，重返古巴，在古巴东部的奥连特省红滩登陆，以马埃斯特拉山区为根据地，揭开了游击战争的序幕。"格拉玛号"原本只能容纳 20 人，却奇迹般地承载了 82 名革命者。他们在海上漂了足足 2 天，淡水和燃料都已经用尽。巴蒂斯塔则正在守株待兔。他们一上岸，就遭到巴蒂斯塔政府军从空中和陆地的围剿，只有 12 人幸存。

在敌我力量如此悬殊的恶劣形势下，卡斯特罗奇迹般地取得了最后的胜利。1959 年，卡斯特罗率领的起义军推翻巴蒂斯塔独裁政权，成立革命政府，卡斯特罗出任政府总理和武装部队总司令。夺取政权之后,卡斯特罗的思想再次有了质的飞跃,从激进的小资产阶级民族民主主义者升华到坚定的社会主义者。

美国不会允许在加勒比地区出现一个和苏联结盟的反美政权。因此,美国以"自由世界"的价值理念和规范的维护者自居,给古巴贴上"极权国家""流氓国家""支持恐怖主义国家"等标签,对古巴进行了极为严酷的制裁和孤立,对卡斯特罗政府实行政治颠覆、经济封锁、外交孤立等措施,乃至组织雇佣军入侵古巴,派间谍暗杀卡斯特罗。1997 年,美国中央情报局解密了一份长达 705 页的档案,把刺杀卡斯特罗的政策公布于世。古巴内务部原情报部主任埃斯卡兰特根据美国中央情报局的解密档案和古巴情报部门的资料,揭露卡斯特罗曾遭受 638 次暗杀。

然而,美国多层次全方位的施压没能扰乱古巴的社会主义认同,也没能破坏古巴和东方阵营的稳定关系,要求国际社会孤立古巴终究是美国一厢情愿的单边主义行径,不仅没有获得预期效果,还凸显了自己世界警察的霸道形象,让古巴人民的爱国情绪高涨,让古巴获得了世界的理解和同情,甚至美国的一些名人和正义人士,也无不赞赏卡斯特罗。海明威就与卡斯特罗惺惺相惜。海明威曾在古巴岛上居住多年,古巴带给海明威无限的创作灵感,他在哈瓦那创作了著名的小说《丧钟为谁而鸣》和《老人与海》。1960 年,革命胜利之后,海明威因为疾病返回美国,一位记者询问他对岛上革命的看法,海明威坚定地回应:"荣耀之人信任古巴革命。""我完全信任卡斯特罗革命,因为它得到了古巴人民的支持。我相信他们的事业。"①同时，卡斯特罗表示自己从小就读海明威的作品。海明威去世之后，卡斯特罗这样总结海明威的一生：

> 海明威是完全正确的：一个人可以被毁灭，但不能被打败……海明威在我们非常困难的时刻陪伴着我们……我们革命的格言异常坚定："将逆境变成胜利"，"他们可以摧毁我们一千次，但永远不会打败我们"。

1960年，智利诗人、诺贝尔文学奖获得者聂鲁达发表诗集《英雄事业的赞歌》，其中包括一首诗《给菲德尔·卡斯特罗》，在诗中，他这样赞美卡斯特罗：

> 菲德尔，菲德尔，人民感谢你，
> 感谢你的功绩，颂扬你的事业，
> 因此，我从远方为你
> 带来一杯我祖国的美酒。
> 这是地下人民的热血，
> 从黑暗深处流到你的唇边。
> 他们是矿工，几世纪来
> 依靠从冰冻的地下取出火种过活。
> 他们到大海底下去挖煤，
> 回来时候就变成了幽灵。

---

① Hemingway y Fidel: Un Gran Río, Dos Corazones, http://www.fidelcastro.cu/pt-pt/node/51977.

他们习惯于永恒的黑夜，

他们被剥夺了白昼的光明。

可是虽然有这么多苦难，

虽然经过那么遥远的距离，

但我还是给你带来了

这一杯囚禁中的人的欢乐。

在充满黑暗和希望的矿坑下，

他知道春天和它的芬芳什么时候来临，

因为他知道人们正在战斗，

直到光明普照四方。

人们都在望着古巴：

南方的矿工，邦巴斯草原孤寂的子孙，

巴塔冈尼亚寒冷中的牧人，

锡矿和银矿的开采者，

终身和山峰作伴的

挖掘朱基卡马塔的黄铜的人们，

长途汽车中下来，走进

令人怀念的干净村落中的人们，

田野上和工场里的妇女，

以及为自己的童年而啼哭的孩子，

都在望着古巴。

请你喝了这杯美酒，菲德尔。

它含着那么多的希望，

喝了它，你就知道，你的胜利

犹如我祖国的陈酒，

不是一个人的手，而是许多人酿成，

不是一种葡萄，而是许多鲜果，

不是一滴水，而是许多河流，

不是一个司令，而是许多次战斗。

他们都和你站在一起，因为你代表

我们长期斗争的一切光荣。

如果古巴跌倒，就是我们跌倒，

我们立刻把它扶起；

如果它如鲜花怒放，

那就是我们用自己的汁液使它开放。

如果谁敢碰一碰

你的手所解放的古巴，

就会遭到人民的拳头。

我们要取出埋在地下的武器，

以鲜血和骄傲，

保卫我们热爱的古巴。①

2016 年 11 月 25 日，在改变古巴命运的"格拉玛号"启程之后的第 60 年，卡斯特罗在古巴逝世，享年 90 岁。很少有伟人能像卡斯特罗一样，一举一动都引起全世界人民的关注。世界各地的人纷纷发文缅怀他，致敬卡斯特罗充满光辉的一生，给予他高度评价。"斯人已逝，理想不朽。"他的理想依然是一座灯塔，启迪其他革命者前行。

---

① 　聂鲁达著，王央乐译：《英雄事业的赞歌》，作家出版社 1961 年版，第 44—46 页。

卡里斯玛①型战略家

卡斯特罗是个身材高大的男人。他非常自律,年轻时每天进行数小时的健身训练,还经常游泳,保持良好的身材。他喜欢冒险,喜欢即兴演讲。他的勤奋无人能及。每天从醒来的那一刻开始,他就不断消化和积累信息。吃早餐时,他要阅读世界各地不少于 200 页的新闻报纸,每天批阅超过 50 份的报告。他不断提问为什么,直到获取最精确的数据。

所有这些努力,使得卡斯特罗充满个人魅力。他与公众交流的娴熟才能仿佛浑然天成,令人叹为观止。他演讲时论据翔实,口若悬河,总能把对方说服。没有人能像他那样吸引听众、控制听众,使他们触电、兴奋,报以长时间暴风雨般的掌声。

《百年孤独》的作者、诺贝尔文学奖获得者加西亚·马尔克斯是卡斯特罗的好友。他在《我所认识的卡斯特罗》一文中,这样描述卡斯特罗的演讲方式:

> 他总是以微乎其微的声音开始,内容方向不明。但他善于利用任何机会争取地盘,步步前进,直到猛击一掌,随即抓住听众。这是灵感,是无法抵御的、耀人眼目的潇洒风度,否认它的只是那些没有幸运感受他的人。

---

① 卡里斯玛(charisma)原意为"神圣的天赋",来自早期基督教,初时指得到神帮助的超常人物。德国社会学家马克斯·韦伯在《经济与社会》一书中首次用这个词来描述魅力型权威人物,认为具有这种品质和力量的人高居于一般人之上而成为领导,他们能够感召他人或激发他人之忠诚。

对此,法国最具声望的进步知识分子、《外交世界》的主编伊格纳西奥·拉莫内(Ignacio Ramonet)曾在采访中好奇地问卡斯特罗:"您的演讲稿都是您自己写的,还是几个助手帮您准备的?"因为一般来说,虽然不同国家的总统风格有所不同,但都有一个顾问或助手班子替总统写演讲稿,总统过目之后加上一些个人色彩,比如一句话、一个词等。卡斯特罗对此坚定地说:"我向来没法发表不是由我自己准备的演讲。一般来说,当我要求别人替我写一个演说稿时,这样的稿子往往一塌糊涂,完全不能用,资料缺乏说服力。我不得不全部重写。"①

卡斯特罗在 2006 年 7 月底因病接受手术治疗,将最高权力托付给胞弟劳尔·卡斯特罗。2008 年 2 月,劳尔·卡斯特罗正式接替卡斯特罗担任古巴国务委员会主席和部长会议主席。2011 年,卡斯特罗正式在政府网站上发文称,不再担任古巴共产党的领导职务。然而,卸任之后,卡斯特罗并没有颐养天年。他仍然每周工作 7 天,一天只睡 4 个小时,间或在白天的任何时刻再睡上一两个小时。外出、走动、开会、访问、讲话,一环接一环,他的求知欲无穷无尽,他不断向部下要记录、报告、电报、国内外新闻社的消息、统计数字、电视或广播综述,时刻关注着国内和国际的变化。他那些年轻的助手在一天工作结束的时候都累得散了架子,无法跟上那位快 80 岁的老人的节奏。② 从 2007 年 3 月起,卡斯特罗在机关报《格拉玛报》上,以"总司令的

---

① [法]伊格纳西奥·拉莫内著,中国社会科学院拉丁美洲研究所组织译:《菲德尔·卡斯特罗访谈传记:我的一生》,国际文化出版公司2016 年版,第 617 页。

② [法]伊格纳西奥·拉莫内著,中国社会科学院拉丁美洲研究所组织译:《菲德尔·卡斯特罗访谈传记:我的一生》,国际文化出版公司2016 年版,第 9 页。

思考"为名,先后撰写了百余篇关于世界政治、国际关系等关系到古巴命运和人类命运的时评、公告等,见解犀利而具有启发性、前瞻性。卡斯特罗战略思想主要包括以下几个方面。

民族独立的思想:卡斯特罗认为,古巴革命的最重要的目的就是取得真正独立的地位,只有这样,古巴民族才能彻底获得解放。

无产阶级国际主义思想:卡斯特罗的无产阶级国际主义思想贯穿于他的长期革命实践中。他认为,取得独立的民族应该支援未独立民族的斗争,即"先人类,后祖国",各国的革命斗争应该互相支援。对革命者来说,爱国主义和国际主义是统一的,当出现矛盾时前者应服从于后者。

反帝国主义和反新自由主义的思想:卡斯特罗认为,我们时代的特点是资本主义向社会主义过渡。国际形势的缓和是各国人民长期斗争的结果,丝毫不意味着帝国主义失去了侵略本性。帝国主义没有前途,它终将消失。新自由主义是帝国主义的最后一种表现形式,反对新自由主义就是反对帝国主义,因为新自由主义全球化是对第三世界最可耻的再殖民化,这种全球化是现代帝国主义强加给世界的。它是持续不下去的,必将垮台。

塑造"新人"的思想:卡斯特罗认为,为使社会主义在古巴能生存和发展,不仅需要建立牢固的制度,而且需要造就具有社会主义觉悟的人。这就是"社会主义的人"或"新人"。"社会主义的人"不会自发产生,需要进行革命教育和坚持不懈地做政治思想工作。只有这样,才能发展社会主义的生活方式和全面造就高质量的具有共产主义道德风尚和原则的人。

党的建设思想:卡斯特罗提出,党是古巴革命的灵魂。党应集中体现古巴历史上一切革命者的理想、原则和力量。党必须同群众保持密切的联系;党必须保持思想上的纯洁性和组织上的团结。党不仅是工人阶级的先锋队,而且是国家和民族利益的忠实代表。

军队的建设思想:卡斯特罗主张,古巴必须有一支强大的、现代化的军队,军队应服从党的领导。建立人数众多的民兵组织和对广大群众进行军事教育,实现全民战争。军队在和平时期就是经济建设的重要参加者。①

第三世界的领军者

第三世界的国家团结起来,推翻盛行于全球的资本主义制度,建立起"社会主义全球化"制度是卡斯特罗一生的追求和崇高的梦想。卡斯特罗因此成为一些非洲和拉美国家的精神领袖。

20 世纪 70 年代中期,卡斯特罗派遣了数万作战部队、医生到安哥拉、埃塞俄比亚等非洲国家支持人民解放运动。2013 年,古巴中央党媒《格拉玛报》在曼德拉葬礼次日发表题为《曼德拉和菲德尔:什么未被陈述》的评论,指出:"在 1975 年至 1991 年,有 45 万古巴人冒着生命危险奔赴安哥拉战斗,超过 2600 人战死沙场。"帮助非洲国家实现民族独立是卡斯特罗的"全球情怀"。虽然这段历史现在很少被国际主流媒体提及,但是卡斯特罗的国际主义却永远被历史铭记。

1984 年,在卡斯特罗的指示下,古巴文化部创立"哈瓦那双年展"——一场打着艺术牌的革命。"哈瓦那双年展"成立初衷是试图用艺术的形式展现各个国家不同的经济和政治发展道

---

① 徐世澄:《卡斯特罗的人格魅力、思想和历史功绩》,《当代世界》2008 年第 3 期,第 17—19 页。

路的艺术形象,克服第三世界人民之间的交流障碍,发现第三世界国家间的共同价值和兴趣。在第一届双年展中,会聚了来自第三世界国家的艺术家们,还有许多处于主流文化边缘的少数民族。这些艺术家担负着同一个艺术使命——反霸权,反西方主流艺术家强加给世界的"审美准则",让艺术与社会之间建立更直接的关系,证明第三世界的人民关于全球问题也有"第三世界"视角的解读和方案。哈瓦那双年展意味着全球艺术地图的重组。目前哈瓦那双年展已经举办了13届。即使是在古巴经济最困难的时期,双年展也依然如期举行。在经济上,或许古巴比不上其他国家,但是艺术和文化是古巴的强项。在世界艺术史上,古巴人占据着重要的地位,美国、日本等发达国家的艺术家也纷纷来到古巴这个小岛上,呈现最桀骜不驯的艺术。古巴双年展的主题带有鲜明的政治性,是艺术框架下的历史反思,比如2012年双年展的主题是"全球化时代的一体化和抵制",2018年双年展的主题是"建构可能性"。

1989年的东欧剧变使世界社会主义运动处于低潮。拉美不少左翼政党和组织在思想上、理论上陷入混乱和困惑,迫切需要一个讨论空间,以明确和把握政治方向。1990年7月,在古巴共产党的大力支持下,巴西劳工党发起圣保罗论坛,团结左翼力量。圣保罗论坛目前一年举办一次,成为拉美左翼政党最大、最富成效的会议。

冷战之后,尽管古巴的经济非常困难,再也无力承担第三世界领头羊的角色,但是古巴创立的各个团结第三世界国家的机制都一直保留至今。自1963年第一支带着国际主义使命的古巴医疗队前往阿尔及利亚以来,至今已有131933名卫生工作者向其他国家提供了援助。① 近50年来,古巴已免费为来自拉美、加勒比、非洲地区及美国、中国等国家的8万名学生提供免费的医学专业培训。② 2007年,应世界卫生组织的要求,古巴和巴西向面临卫生紧急状况的非洲国家提供了大量的A＋C群脑膜炎球菌多糖疫苗。这次卫生紧急状况涉及400万人口和12个国家,包括布基纳法索、加纳、马里、尼日尔、尼日利亚和苏丹。③

　　为了帮助经常受飓风侵袭的中美洲和加勒比人民,卡斯特罗在1998年提出综合卫生计划(Programa Integral de Salud)。之后,一些非洲国家也加入了这个计划中。该计划不论种族、信仰或意识形态,为最偏远和最困难的地方的民众提供医疗服务,挽救人的生命,提高社会边缘地区居民的生活质量。卡斯特罗说:"凭借我们在革命40年期间积累的经验,我们知道如何实施真正的健康计划。综合卫生计划不仅仅挽救生命,更是让数百万人感受到安全,为数百万人提供安全保障。"④

　　卡斯特罗曾说,美国只会派直升机而不会派医生。非洲有3000多万艾滋病感染者,但是欧洲派出的医生不足100名。而古巴则愿意填补这一空白,为世界提供异于美国的对外援助,推动世界更加平等地发展。

　　以上项目都是卡斯特罗"社会主义全球化"理念的实践:世界需要秩序,需要一种世界性的、全球性的、公正性的、民主的

---

　　① 　Internacionalismo,http://www. fidelcastro. cu/es/internacionalismo/programa-integral-de-salud.

　　② 　商务部:《对外投资合作国别(地区)指南:古巴(2018年)》,2018年,第13页。

　　③ 　联合国教科文组织:《2010全球科学发展现状》,2011年,第130页。

　　④ 　联合国教科文组织:《2010全球科学发展现状》,2011年,第130页。

秩序,只有社会主义全球化才是能给整个人类带来福音的全球化,因为每个国家、每个民族在社会主义全球化进程中是平等的,不同国家、不同文明和不同文化的多样性也会得到充分尊重。社会主义全球化是全世界的各个国家逐步共同富裕的全球化。社会主义主导下的全球化世界是一个公正的全球化世界。①

卡斯特罗的“社会主义全球化”理念激励了很多第三世界国家的领导人和左翼学者。他们都是卡斯特罗的忠实粉丝。其中一位就是著名的南非总统曼德拉。曼德拉曾说,在服刑期间,卡斯特罗就是他力量的源泉。古巴革命的某些方面,例如游击队战术,给了他极大的启发。在得知古巴部队于1975年到达安哥拉时,曼德拉在牢房中写道:“这是第一次一个来自另一个大陆的国家不是为了带走某些东西,而是为了帮助非洲人实现自由。”曼德拉在出狱后的第二年(1911年)就访问了古巴。他热烈拥抱卡斯特罗,并与卡斯特罗促膝长谈,结下深厚的友谊。曼德拉称自己是古巴革命的仰慕者,称卡斯特罗是无私的国际主义者。曼德拉在访问开普敦时告诉美国前总统克林顿,他与卡斯特罗的友谊合情合理,因为“我们决不会抛弃那些在历史上最黑暗的时刻帮助过我们的人”。

在21世纪,卡斯特罗的思想也深深影响着拉美左翼政府。委内瑞拉已故总统查韦斯视卡斯特罗为“父亲”。卡斯特罗则称查韦斯是古巴人民有史以来最好的朋友。查韦斯去世之后,委内瑞拉深陷政治和经济危机。古巴一如既往地向委内瑞拉提供一切力所能及的援助,积极支持马杜罗政府,紧密互助,抱

---

① 　[古]菲德尔·卡斯特罗:《全球化与现代资本主义》,社会科学文献出版社2000年版,第311页。

团取暖。古巴军人指导委内瑞拉的军队战术,古巴医生为委内瑞拉人提供人道主义救援,抵御美国对马杜罗政权的干涉。正是革命结下的友谊让这些不满国际不公正现象的第三世界国家领导人紧密地团结在一起。

社会主义制度：政治、经济与社会福利

2002 年 5 月 12 日美国前总统吉米·卡特对古巴进行为期 6 天的访问。回国之前,卡特举办了记者招待会,向全世界展示了近 10 年里古巴改革开放所取得的成就,以及在维护人权和发展文教、科技、卫生等方面的进步,并公开称赞这些成就是"令人难以置信的"①。

"公平和效率"的问题是所有选择社会主义制度的国家都会遇到的。在取得国家政权之后,为了保障民生,同时解放和发展生产力,革命者必须在公平和效率之间找到平衡点。这时的革命者队伍就从曾经旧秩序的毁灭者变为新秩序的缔造者和维护者。在这个新秩序中,卡斯特罗政府一如既往地选择了公平,将社会的公平置于发展效率之上。目前古巴仍实行配给制,商品种类少,供应不足,呈现典型的短缺经济特征。政府配给的食物包括大米、豆子、鸡蛋以及油、盐、糖、咖啡等,按市场价的 12％出售。总的来说,目前古巴经济发展水平、市场发达程度基本等同于我国 20 世纪 70 年代末期、80 年代早期。古巴经济计划管理色彩浓重,国有经济占统治地位,市场经济在个别领域刚刚起步。然而,古巴的全民免费教育、免费医疗等社会福利却令大量发达国家美慕。2015 年,古巴的人类发展指数在全球 185 个国家和地区中排名第 68 位,领先于墨西哥(第 77

---

① 　徐世澄:《卡斯特罗评传》,人民出版社 2008 年版,第 297—298 页。

位)、巴西(第 79 位)等。此外,古巴长期以来政局稳定、治安良好,也是经常陷入"左右摇摆轮换"的拉美其他国家无法比拟的。

当古巴这样的小国面对美国这样强大的对手时,卡斯特罗政府别无选择,只有团结才能取得胜利。团结人民,关键在于为所有人创造美好生活,不放弃任何一个掉队的人。"一个都不能少。"这就是古巴社会主义的本质。

国有化和自主发展政策

1959 年革命成功之后,卡斯特罗政府实施了激进的国有化政策。1960 年 1 月,卡斯特罗没收了巴蒂斯塔分子的全部财产。9 月,政府接管了所有私营烟厂。10 月,宣布将本国资本家经营的 382 家工商企业和全部私人银行收为国有。1960 年 6 月,政府接管了 3 家美资炼油厂。7 月,颁布征用美国人在古巴财产的法律。8 月,把 36 家美国公司收归国有。10 月,古巴把剩下的 166 家美资企业全部收归国有。至此,古巴革命政府将价值 15 亿美元的 400 多家美资企业全部收为国有。①

1959 年 5 月 17 日,卡斯特罗还颁布了《土地改革法案》。卡斯特罗曾指出:"如果这个法案得到完全执行的话,那么,将有 200 万古巴人的收入会得到增加,他们会成为国内市场的购买者,这是我们工业发展的基础。借此,我们将会解决古巴工业发展的这一基础。"该法案规定,蔗糖种植园不能为外国人所有。据此,古巴没收了原本属于美国公司的 480000 英亩(约 1942.5 平方公里)的土地,为确保该法案得到执行,还成立了专

---

① 徐世澄:《古巴模式的"更新"与拉美左派的崛起》,中国社会科学出版社 2013 年版,第 4 页。

门的监督执行机构——全国土地改革委员会,卡斯特罗自任委员会主席。[1] 依法没收的土地被平均分配给了古巴最普通的乡村工人。

20 世纪 60 年代,卡斯特罗试图带领古巴走向独立自主的道路,进入了为期 10 年的激进改革阶段。卡斯特罗政府接管了几乎所有的私人小企业、手工业作坊和商店,彻底取缔了私有制,同时,扩大免费的社会服务,如幼儿园、福利住房、人民食堂用餐免费等。卡斯特罗甚至认为,在社会主义制度和思想觉悟上,古巴都走在了苏联的前列。[2] 在工业化政策方面,卡斯特罗建立了被称为"即时工业化"的计划,迅速制定广泛的进口替代政策,大力发展冶金、重型工程及机械、运输设备及汽车装配业。1961 年古巴成立工业部,工业部长为切·格瓦拉。在这个阶段,由于传统糖业被忽视,糖的收获量从 1961 年的 670 万吨降至 1963 年的 380 万吨,而发展工业需要大量的进口,造成了国际收支危机。危机之后,古巴政府提出要利用古巴生产蔗糖的有利条件和相对优势,集中发展糖业,以糖为纲,增加外汇收入,增强进口能力。然而这次卡斯特罗政府又过分强调发展糖业,致使国民经济各部门发展比例再次失衡,经济遭到破坏。从 1969 年 11 月到 1970 年 7 月,古巴打响了"蔗糖之战",党、工会、军队、行政官员、大中学校学生以及小学生——所有人都被动员起来去实现 1000 万吨糖的目标。[3] 尽管如此,1970 年糖

---

① 朱大伟:《猪湾事件与古巴的共产主义道路选择——一个冷战视角的考察》,《红色文化学刊》2017 年第 3 期,第 96 页。

② 徐世澄:《古巴模式的"更新"与拉美左派的崛起》,中国社会科学出版社 2013 年版,第 7 页。

③ [英]理查德·戈特著,徐家玲译:《古巴史》,中国大百科全书出版社 2013 年版,第 329 页。

产量依然未能达到 1000 万吨的原定指标，卡斯特罗后来承认：
"我们在经济工作中无疑犯了唯心主义的错误。我们有时看不
到现实中存在着我们必须遵循的客观经济规律。"①激进改革并
没有得到预期的成效。

1972 年，古巴加入经济互助委员会，开始效仿苏联，走上苏
联模式的社会主义道路。古巴同苏联签订了到 1980 年的长期
经济合作协定，其生产活动完全按照经互会的分工进行，实现
了与苏联和东欧国家的经济一体化。苏联给予了古巴大量经
济、军事援助，以优惠价格向其提供石油，以高价购买其蔗糖，
平均每年的援助额达 30 亿美元。苏联还在古巴援建项目 1000
多个，其中 100 多个是大型工业企业。到苏联解体、东欧剧变
前，古巴与苏联和东欧国家的贸易额占其外贸总额的 85％；在
1988—1989 年的出口商品中，有 63％的糖、73％的镍、95％的
酸性水果和 100％的电器零配件是出口到苏联和东欧国家的；
在进口商品中，有 63％的食品、86％的原料、98％的燃料、80％
的机器设备、72％—75％的制成品来自经济互助委员会国家。
在苏联和东欧国家的帮助下，古巴"一五计划"期间（1976—
1980）实现了社会生产总值年均增长 4％，"二五计划"期间
（1981—1985）年均增长 7.5％，是古巴革命胜利以来经济增长
最快的 5 年。② 这 10 年被古巴人民衷心地怀念，古巴人称之为
"勃列日涅夫时代"。③

---

① 徐世澄：《古巴模式的"更新"与拉美左派的崛起》，中国社会科学
出版社 2013 年版，第 7 页。

② 毛相麟、杨建民：《苏东剧变与古巴改革》，《当代世界社会主义问
题》2011 年第 3 期，第 63 页。

③ ［英］理查德·戈特著，徐家玲译：《古巴史》，中国大百科全书出
版社 2013 年版，第 334 页。

　　然而,1985 年 3 月,戈尔巴乔夫担任苏共中央总书记之后,苏联的内外政策发生了质的变化。卡斯特罗坚决反对古巴效仿戈尔巴乔夫的"新思维",甚至影射说:"如果某个社会主义国家想建设资本主义,我们应该尊重它建设资本主义的权利,我们不应该干涉它。"①戈尔巴乔夫上台后,逐渐削减了对古巴的经济、军事援助和贸易优惠,逐渐疏远了与古巴的政治、经济关系。受到与苏联关系变冷的影响,古巴经济发展停滞不前。但是由于古巴领导人也较早地认识到苏联的"民主化""公开性"等改革有偏离社会主义方向的危险,结合国内开展的"纠偏运动",实行"战略大反攻",确保了政权的稳定性和公有制经济的主导地位,使古巴在 20 世纪 80 年代末和 90 年代初经受住了东欧剧变、苏联解体对它的巨大冲击。1989 年东欧剧变之后,卡斯特罗就多次提出,即使苏联解体,古巴照样坚持斗争下去,古巴绝不会屈膝投降,将誓死捍卫社会主义。

　　苏联的解体使古巴在政治上和经济上都受到前所未有的冲击,陷入空前的困境。古苏贸易额锐减,苏联不再向古巴提供廉价石油,古巴陷入能源危机。由于缺乏能源,古巴每天停电达数小时,交通几乎瘫痪,许多工厂倒闭或停业。1991 年 9 月苏联单方面宣布从古巴撤军,结束了自 1967 年以来对古巴的军事保护。卡斯特罗不得不宣布古巴进入"和平年代的特殊时期"。由于苏联对蔗糖的补贴取消,古巴出口的蔗糖价格从苏联的补贴价跌回世界市场平均价格,下跌了超过 2/3。古巴国内生产总值在 1990—1993 年分别下降了 2.9%、10%、

---

　　①　徐世澄:《古巴模式的"更新"与拉美左派的崛起》,中国社会科学出版社 2013 年版,第 14 页。

11.6％和 14.9％。① 1989—1993 年,粮食进口减少了一半,燃料进口下降了 72％,机器配件、化肥和其他消费品的进口数量在 1993 年下降到了 1989 年的 17％。②

这样的困难局面,导致很多西方记者不断地预言卡斯特罗领导下的古巴会像东欧国家一样垮台。《卡斯特罗的最后时刻》和《世纪末的哈瓦那》等著作陆续出版。然而,古巴人民经受住了考验,历史证明了"古巴崩溃论"始终是西方社会一厢情愿的愿景而已。1991 年 10 月召开的"四大"上,卡斯特罗提出"拯救祖国、革命和社会主义"的任务与口号,以抵制外部的和平演变,粉碎美国趁机在古巴制造内乱的企图。卡斯特罗把坚持社会主义制度上升为"特殊时期"抗击美国高压政策、求民族生存的精神支柱。美国学者预言的"历史的终结"并没有出现,古巴至今仍在书写"古巴特色社会主义"的历史。

美国对古巴的制裁与美古复交

1959 年的《土地改革法案》彻底触及了美国资本家的利益。1959 年 6 月 24 日,在古巴拥有重大利益的得克萨斯的大农场主罗伯特·克利伯格直接面见时任美国国务卿克里斯蒂安·赫脱,建言道:"古巴的土地改革法案,除非做出巨大调整,不然的话,包括我在内的所有美国人以及美国拥有的蔗糖公司在古巴的地产及投资都会损失惨重。有清楚的证据显示,卡斯特罗的土地改革即使不是由共产党主导的也是由共产党推动的。它的成功不仅会使得正常的美古关系不再可能,而且会带来一

---

① ［英］理查德·戈特著,徐家玲译:《古巴史》,中国大百科全书出版社 2013 年版,第 392 页。

② ［英］理查德·戈特著,徐家玲译:《古巴史》,中国大百科全书出版社 2013 年版,第 393 页。

个紧邻我们海岸的由共产主义控制的国家。"①因而,克里斯蒂安·赫脱呼吁美国政府向古巴发起坚定的经济战。1959 年 4 月 14 日,在美国驻古巴大使发给美国国务院的主题为"共产主义在古巴的增长"的电报中,对共产主义在古巴的发展表达了进一步的担忧。他在分析了古巴共产党的历史后,详尽分析了古巴共产党在武装部队、政府机关、劳工运动中的渗透以及共产党在公共媒体中的影响和在文化界的活动。② 从此时起,美国开始了对古巴政府的全面围堵。

1960 年 2 月,苏联时任副总理兼经贸部长米高扬访问古巴,与古巴签订了贸易与援助协定,苏联购买古巴 42.5 万吨糖,以后每年购买 100 万吨,并向古巴提供 1 亿美元的贷款以购买苏联设备,以及向古巴提供其他的产品和技术援助。③ 在 20 世纪 70 年代的冷战背景下,这对美国无疑是一个很大的刺激。在美国看来,苏联不仅将对古巴的未来发展起到重要的支撑作用,还将以古巴为垫脚石向拉美进行渗透。古巴成为苏联的"卫星国"和基地,向美国霸权提出了挑战,美国决不能容忍该政权的存在。

1960 年美国宣布停止对古巴一切经济援助,7 月,美国宣布停止从古巴进口食糖,10 月,美国宣布对古巴禁运。美国对古巴的敌对政策的高潮是著名的猪湾事件。1961 年 4 月 15

---

① United States Department of State, *Cuba Agrarian Reform Law*, *Foreign Relations of the United States*, 1958-1960, *Cuba Volume VI*, U. S. Government Printing Office, 1958-1960, pp. 542-543.

② 朱大伟:《猪湾事件与古巴的共产主义道路选择——一个冷战视角的考察》,《红色文化学刊》2017 年第 3 期,第 97 页。

③ Stephen G. Rabe, *Eisenhower and Latin America: The Foreign Policy of Anti-Communism*, Chapel Hill: The University of North Carolina Press, 1988, p. 125.

日,经过改装的带有古巴标志的 2 架美军 B26 轰炸机空袭了古巴位于哥伦比亚兵营、哈瓦那和圣地亚哥的空军基地。4 月 17 日,由中情局和以流亡美国的古巴人为主的 1500 多名雇佣军组成的代号为 2506 的突击旅开始在猪湾的东入口吉隆滩登陆,突袭古巴,造成 7 人死亡,53 人受伤。美国敌视古巴的政策让卡斯特罗对资本主义抱有的幻想完全破灭。在为牺牲者举行的葬礼中,卡斯特罗发表长篇演说,正式宣布古巴革命是"一场贫苦人民的、由贫苦人民进行的,为了贫苦人民的社会主义民主革命"。美国咄咄逼人的帝国主义行径将卡斯特罗推向了社会主义阵营。它让卡斯特罗看到美国对古巴革命政权持有的歇斯底里的敌视态度。卡斯特罗深知凭古巴一己之力很难维系国家的生存,在两种制度和意识形态激烈对抗的冷战背景下,卡斯特罗最终选择向苏联伸出求援之手。在政治信仰上,卡斯特罗也公开转向马克思列宁主义。古巴从此走上了社会主义道路,与美国完全分道扬镳。正如卡斯特罗所说:"美国千方百计力图扑灭古巴革命,但它的所作所为却加快了革命进程。"①

　　1961 年的猪湾登陆失败之后,肯尼迪正式批准"猫鼬行动",目的是利用一切可利用的资源,通过支持古巴流亡分子的准军事行动,包括对卡斯特罗等领导人实施暗杀,帮助古巴人最终推翻卡斯特罗领导的共产党政权。随后,1962 年的"导弹危机"成为两国军事冲突的高潮。苏联在古巴秘密部署中程导弹,提供伊尔-28 喷气轰炸机,同时,3500 名军事技术人员也陆续乘船前往古巴提供技术支持。1962 年 8 月,美国发现了苏联

---

① 菲德尔·卡斯特罗:《在古巴共产党第一、二、三次全国代表大会上的中心报告》,人民出版社 1990 年版,第 28 页。

设在古巴的导弹发射场。肯尼迪回忆道："我们就在悬崖边上，无路可走。"1962 年 10 月 22 日晚上 7 点，肯尼迪向美国和全世界发表广播讲话，通告了苏联在古巴部署核导弹的事实，宣布武装封锁古巴，要求苏联在联合国的监督下撤走已经部署在古巴的进攻性武器。不仅在佛罗里达和邻近各州，美国集结了第二次世界大战后最庞大的登陆部队准备参战，而且世界各地的美军基地也进入戒备状态，双方剑拔弩张，全球性的核战争一触即发。

然而，就在危机迫在眉睫、千钧一发之时，赫鲁晓夫决定不去测试肯尼迪的底线。在一系列外交往来之后，双方以 10 月 26 日赫鲁晓夫传递信息为基础，达成协议：若美国承诺不入侵古巴，苏联将撤出他们的导弹。

在随后的岁月里，虽然美国没有对古巴进行公开的军事入侵，但是在经济、移民等问题上一直没有放弃摧毁古巴经济、改变古巴政治体制的目标。猪湾事件后，肯尼迪立即终止了对古巴的一切武器和作战物资的贸易。1962 年 2 月 3 日，肯尼迪宣布：除了必需的食物和药品外，禁止所有与古巴的贸易往来；2 月 7 日起，一切产于古巴，从古巴出口或经过古巴的产品都禁止进入美国；美国的所有商品也不得向古巴出口。肯尼迪要求美国财政部下令冻结古巴在美国的资产，禁止古巴人使用美国银行，禁止美国人向古巴进行汇兑；对古巴实行更广泛的经济战，把贸易禁运扩展到了从其他国家进口的、包含有古巴的原料和零部件的各种货物，禁止进口古巴产品，禁止任何在第三国加工生产的含有古巴的原料或零部件的产品进入美国，单方面取消对古巴的"最惠国"待遇，禁止美国港口向从事古巴贸易的共产党国家的船只提供油料和补给，禁止美国旅游者将产于古巴的物品带回美国；禁止古巴船只、飞机等获得存储在美国港口的石油;等等。①

苏联解体之后,时任美国总统布什认为,没有了苏联这座经济靠山,用经济手段推翻卡斯特罗政府最容易的时刻到来了。1992年2月5日,美国国会众议员罗伯特·托里切利向众议院提出《1992年古巴民主法案》,即"托里切利法案",加强对古巴实行全面封锁。该法案的主要内容为:禁止美国公司在第三国的子公司与古巴做生意,禁止任何进入古巴港口的船只在6个月内进入美国港口,对任何向古巴提供经济援助和开展贸易的国家进行制裁,试图通过经济上的扼杀搞垮卡斯特罗革命政权。

1996年,美国国会通过的《古巴自由与民主团结法案》(即《赫尔姆斯-伯顿法》)则更加严厉,把对古巴实行打击的范围扩大到几乎所有与古巴保持经贸关系,特别是保持投资关系的国家,强迫各主权国家的政府、公民和私营单位加入美国对古巴经济封锁的政策当中去。2008年美国财政部外国资产控制办公室对中国一家集团公司处以120万美元的罚款,理由是该公司参与了古巴金属业务,同年一家瑞士与美国的合资企业也由于向古巴航空公司提供餐饮服务被罚款60万美元。这些制裁对古巴的外国投资产生了不利影响。

2000年1月美国政府公布《新世纪的国家安全战略》规定,美国"仍然致力于推动古巴以和平方式向民主过渡"。2003年10月,布什政府专门成立了旨在推翻古巴现政府的"援助自由古巴委员会",并指示其制定"加快古巴向民主过渡"的战略计划。

---

① Donna Rich Kaplowitz, *Anatomy of a Failed Embargo*:U. S. *Sanctions Against Cuba*, Boulder and London:Lynne Rienner Publishes, 1988,pp. 48-49.

60多年的制裁并没有得到预期的效果。2014年,奥巴马总统终于承认美国对古巴的政策是失败的。他克服了众多障碍,亲自推动美古关系正常化进程。2015年,美国正式将古巴从"支持恐怖主义"名单中删除。2015年7月,美古宣布复交,并互设大使馆。2016年1月,美国放宽对古旅游、经贸、出口、民航等领域的部分限制。奥巴马于2016年3月20日—22日访问古巴,成为88年来第一位访问古巴的美国总统。2016年10月26日,美国首次在联合国大会上对"终止美国对古巴的经济、商业和金融封锁"提案投弃权票。2017年1月,古巴实现对美国的首次出口。

然而,与古巴关系正常化不会是一帆风顺的。2017年美国总统特朗普上台后,欲颠覆奥巴马政府的对古外交"遗产"。2017年6月16日,特朗普总统在迈阿密签署了《关于加强美国对古巴政策的总统国家安全备忘录》,该备忘录废除了奥巴马总统4月14日颁发的"美国与古巴关系正常化"的指令,使美古关系大幅走低。

国际社会对古巴的支持

美国长达60余年的制裁给古巴带来了不可估量的经济损失。据估计,最近60年美国封锁造成的代价约为9336.78亿美元。①

不论是在地区层面,还是全球层面,国际社会一直谴责美国对古巴的政策,要求美国取消对古巴的制裁。拉美国家一直在美洲峰会上谴责美国对古巴的恶劣行径。2017年11月29

---

① 古巴称美国长期封锁让古巴损失超九千亿美元,http://www.xinhuanet.com/world/2018-08/26/c_1123328904.htm.

日,拉丁美洲经济体系(LAES)理事会在加拉加斯市举行的部长级会议上批准了"美国对古巴的经济、商业和金融封锁的终结"议案,要求美国政府遵守联合国大会历届决议的规定,并在这方面结束其政府对古巴的封锁。2017 年 9 月 22 日,77 国集团＋中国外交部部长在"部长宣言"中再次反对美国强加给古巴的经济封锁,以及美国对发展中国家的单方面制裁。2017 年 11 月 1 日,联合国大会第二十六次通过题为"必须终止美国对古巴的经济、贸易和金融封锁"的决议,该决议得到 191 票赞成票,只有 2 票反对,分别是美国和以色列(见表1)。[①] 2018 年 11 月 1 日,联合国大会再次以 189 比 2 的压倒性多数通过决议,敦促美国解除对古巴的禁运。

表 1　1992—2017 年联合国关于反对制裁古巴的投票情况

年份	支持	反对	弃权
1992	59	3	71
1993	88	4	57
1994	101	2	48
1995	117	3	38
1996	137	3	25
1997	143	3	17
1998	157	2	12
1999	155	2	8
2000	167	3	4
2001	167	3	3

---

① Gobierno de Cuba, *Informe de Cuba contra el Bloqueo*, junio 2018, p. 40.

续　表

年份	支持	反对	弃权
2002	173	3	4
2003	179	3	2
2004	179	4	1
2005	182	4	1
2006	183	4	1
2007	184	4	1
2008	185	3	2
2009	187	3	2
2010	187	2	3
2011	186	2	3
2012	188	3	2
2013	188	2	3
2014	188	2	3
2015	191	2	0
2016	191	0	2
2017	191	2	0

数据来源：Gobierno de Cuba，*Informe de Cuba contra el Bloqueo*，junio 2018，p. 41.

从一定意义上讲，古巴政权的延续恰恰得益于美国施加的压力和封锁。一意孤行的政策自我强化了美国的帝国主义形象，向反对帝国主义和坚持社会主义意识形态的国家证明了古巴的正义性，秉持国际主义的古巴对他国进行的援助反过来加强了古巴的榜样作用和来自国际社会的支持。

虽然美国对古巴实施制裁，但是国际社会与古巴的贸易并没有完全被切断。不少外国公司仍在古巴投资，其中有社会主义阵营里的兄弟,如中国和越南,也有不少是西方资本主义国家,如西班牙、法国、加拿大等,以及拉美国家如委内瑞拉、墨西哥等。它们均反对美国对古巴的威慑政策。例如,1996 年,美国国会通过《古巴自由与团结法案》,强迫世界各国加入美国对古巴经济封锁的政策当中去之后,加拿大立即修订了 1985 年的《外国域外措施法》,加入"加拿大不会以任何方式承认或实施《古巴自由与团结法案》"这一条款,保护在古巴投资的加拿大公司。此外,加拿大还在美古复交中起到了关键的调解员的作用。

不少国家对古巴实施了债务减免,包括俄罗斯、中国、墨西哥、日本、阿根廷、巴西、越南等国。其中,俄罗斯提供了 90％的债务减免,中国提供了 47.2％,墨西哥提供了 70％,日本提供了 80％。2015 年,哈瓦那与巴黎俱乐部 20 个成员国中的 14 个签署了重新谈判 111 亿美元债务的协议:免除了古巴 85 亿美元的利息和费用,只剩 26 亿美元在 18 年内付清。古巴与最大的 2 个债权国——西班牙和法国达成了"债务换为投资"的协议,签订了 10 个互换协议,总额达到 7000 万美元。[1]

中古患难之交、兄弟之交、信义之交

古巴是第一个与中华人民共和国建立外交关系的拉美国家。古巴作为当今世界为数不多的社会主义国家,与中国的友谊可以说是真正的"战友的情谊"。随着外交档案的解密,中古建交的始末渐渐揭开神秘的面纱。

1959 年 1 月,古巴革命胜利之时,当时在新华社驻新德里

---

① Carmelo Mesa Lago,El《Enfriamiento》de la Economía Cubana,*Nueva Sociedad*,No. 279,2019, p. 19.

分社任职的孔迈同志在陪同文化部副部长周而复率领我国一个大型杂技艺术团访问拉美的巴西、阿根廷、乌拉圭、智利四国的途中,碰巧遇到也正在圣地亚哥访问的古巴代表团,他遂提出到古巴采访的要求。经新华社总部批准,在古巴和智利的朋友的多方帮助下,古方同意了孔迈的采访要求。

1959 年 4 月 12 日,孔迈和庞炳庵从圣地亚哥乘飞机经巴拿马抵达古巴首都哈瓦那。古巴很重视这些半官方身份的中国记者,当时的古巴人民社会党(共产党)热情地接待了中国记者。1959 年 4 月,新华社派出记者孔迈和庞炳庵常驻哈瓦那,新华社驻哈瓦那分社就这样在中古建交之前建立了。①

1960 年,周恩来总理委派时任上海市政府秘书长的曾涛同志到古巴,以新华社驻古巴分社社长的身份开展外交活动。曾涛初到古巴,面临的形势十分严峻。美国对古巴的颠覆与破坏没有停止过,企图阻止中古建交。然而,卡斯特罗顶住了压力。1960 年 9 月 2 日卡斯特罗邀请曾涛参加古巴人民代表大会,并在大会上宣布:"决定同中国建立外交关系;自即日起,同蒋帮断绝关系;支持中国进入联合国。"

9 月 28 日 19 时,中国与古巴同时发表建交公报:"鉴于中华人民共和国政府和古巴共和国革命政府同意建立外交关系,两国政府已经决定在尽可能短的时间内互换大使级的外交代表,以进一步发展两国兄弟人民间已有的友好合作关系。"

格瓦拉在《社会主义和新人》著作中回忆了与中国的交往细节。在起草联合公告的时候,周恩来和格瓦拉之间发生了哲理性的争论。古巴代表团起草的文本是"社会主义国家对古巴

---

①　吴化、张素林:《中国与古巴建交始末》,《中国档案》2008 年第 1 期,第 61 页。

的无私（desinteresado）援助"，而周恩来说，这不是"无私的援助"，而是"有私心（interesado）的援助"，因为古巴是反帝国主义的先锋。帝国主义是人类的公敌。中国对古巴的援助是所有社会主义国家的利益（interes）。于是最终在联合公报中，把"无私"两个字去掉了。①

1960 年 7—11 月，两国贸易代表团实现互访。周恩来总理在接待来访的格瓦拉时说："在古巴最困难的时候，中国提供力所能及的经济支持是尽了一点应尽的国际主义义务。"1959—1965 年间，中古两国共签订两个五年期的贸易协定，以及多个年度贸易协定，中国对古巴还提供优惠贸易、无息贷款和无偿物资援助等。到 1965 年，由中方贸易盈余转为对古巴的长期无息贷款额高达 4000 万美元。考虑到古巴的还款能力，周恩来 1963 年对来访的古巴政府经济代表说："贷款只是一个形式，到时候不还或再推迟还都可以，如果到时有困难还可以延期还。"古巴也慷慨地向中国提供了炼油、制糖等方面的技术资料，帮助中国培养了一批西班牙语人才。② 很多至今仍活跃在外交界、学术界的老一辈西班牙语专家都曾在 20 世纪六七十年代到古巴留过学。

古巴革命胜利曾在中国国内知识界、文艺界掀起一阵旋风。1960 年 12 月 30 日，郭沫若与夏衍等人前往古巴祝贺古巴革命胜利两周年。郭沫若与同来参加典礼的智利诗人聂鲁达、古巴诗人纪廉、危地马拉前总统阿本斯等人展开交谈。③ 哈瓦

---

① Ernesto Che Quevara, El Socialism y el Hombre Nuevo, Ciudad de México：Siglo XXI, 1965, pp. 121-122.

② 孙洪波：《从"古巴糖"开始》，《世界知识》2011 年第 13 期，第 24 页。

③ 庞炳庵：《郭沫若的古巴情结》，《郭沫若学刊》2006 年第 1 期，第 15—18 页。

那的革命氛围让郭沫若先生振奋不已。他创作了多首与古巴有关的诗作，表达了对古巴民族文化的热爱和对古巴民族精神的崇敬之情。

其中有一首赞颂古巴的民族英雄何塞·马蒂的诗《何塞·马蒂在欢呼》。郭老先生这样写道：

> 一百万人来到哈瓦那公民广场，
> 海啸般的革命热情逐渐高涨。
> 热带的太阳照透了民兵的武装，
> 一轮明月高高地出现在天上。

> 英雄何塞·马蒂沉默着在思想，
> 忽然有洪亮的声音非常响亮。
> 这声音在四个月前的九月二日，
> 沉重地打击过美国的野心狼。

> 这声音粉碎了"圣约瑟宣言"，
> 这声音恢复了中古邦交的正常。
> 这声音在四个月后的一月二日，
> 在太空中又重新响彻了四面八方。

> 当民兵队伍进行了一天的游行，
> 最后是美国的火箭狼狈地登场。
> 它已经粉骨碎身像古生物的标本，
> 身上还写明着 USAF 的字样。

> 一个月前它被放射到东方省的农庄，

打死了一条母牛,是它惟一的收场。
杀牛屠户们,五角大楼的饭袋酒囊,
这只火箭就是你们的真实形象。

群众的热情沸腾到一百万度以上,
高呼着:要古巴,不要美国的野心狼!
一百万张手帕在太空中飞飏、飞飏,
一百万只手臂像森林般摇荡、摇荡。

忽然间飞来一阵乌云,遮蔽了月光,
一阵轻微的骤雨企图扰乱会场。
热情的群众高呼:我们决不退让!
我们决不怕任何的雨暴和风狂!

天垮下来,我们也要共同地抵挡,
菲德尔,菲德尔,我们要听你演讲!
枪毙它,枪毙它,枪毙它,枪毙它!
把乌云和骤雨当成反革命的鬼伥!

这声音骇退了乌云和骤雨的猖狂,
广场上又依然照临着皎皎的月光。
菲德尔便宣告了要肃清反革命分子,
谴责了美国使馆就是间谍网一张!

菲德尔要求平等,表示要彻底反抗,
就只剩下一粒子弹也决不会投降。
美使馆应由三百人减成同样十一人,

如果不高兴,就请美国佬全部撤光!

群众的热情沸腾到一百万度以上,
高呼着:要古巴,不要美国野心狼!
一百万张手帕在太空中飞飏、飞飏,
一百万只手臂像森林般摇荡、摇荡。

英雄何塞·马蒂打破了他的沉默,
激动地起来欢呼,激动地起来鼓掌。
菲德尔,我的后继者,你讲得堂皇!
真的,肯尼迪和艾克并没有两样!

铲除殖民主义要对敌人不存幻想,
就战到只剩下一粒子弹,也决不投降。
正义是属于我们,胜利也是属于我们,
真的,敌我的生死斗争决没有余地商量!

一百万人聚集在哈瓦那公民广场,
仰望着一轮明月吐放着灿烂的辉光。
革命的号召已经化成了物质的力量,
USAF 的形象永远是侵略者的下场。①

1963 年,在古巴革命胜利 4 周年之际,冰心也曾在《北京晚报》上发表《祝贺古巴人民》。冰心如此写道:

---

① 郭沫若的这首诗发表于 1961 年 1 月 8 日《人民日报》。见庞炳庵:《郭沫若的古巴情结》,《郭沫若学刊》2006 年第 1 期,第 15—18 页。

六亿五千万的中国人民，隔着万重的堆满友情的山和盛满友情的海，向我们敬爱的七百万英雄的古巴人民，献上衷心的祝贺。我们祝贺你们，在一场狂风暴雨轰轰隆隆的夹击之中，你们七百万人，挺起身来挡住了。这一场风雨只把你们冲洗得更加坚强，更加光彩。

在庆祝你们革命胜利四周年的欢乐歌声中，你们以焕发的容光，整齐的步伐，昂然欣然地跨进一九六三年——你们的又一个胜利的年头。

你们美丽的国家，在节日的狂欢中，像一只灯彩辉煌、笙歌嘹亮的大船，停在蔚蓝的加勒比海上。整个拉丁美洲的人民，全世界的人民，在今天，都从天风海涛吹送之中，听到了你们鼓舞人心、激发斗志的雄壮的音乐。

从世界的各个角落，我们要和着你们的乐声高唱：美帝国主义是不可怕的，核武器是不可怕的。在团结的、大无畏的革命古巴人民面前，美帝国主义者的魔爪缩回去了，所谓的"毁灭性"的核武器也销声匿迹了。你们不但保卫了古巴，也保卫了世界和平。你们给全世界的革命人民，树立了光辉的榜样。

英雄的古巴人民，我们祝贺你们。

我们祝贺你们的肥美的土地，在你们坚强的双手下，给你们献上堆积如山的谷粒、给你们涌出奔流如海的糖浆。

我们祝贺你们的许多工厂，在你们干劲冲天的劳动下，给你们生产出更多的物品，来丰富你们的生活。

我们祝贺你们的大小学校，培养出来的接班人，个个都是和你们一样的保卫革命、保卫和平的威武不能屈的战士。

这些就是你们日日夜夜在战壕里所保卫的。

我们祝贺你们所保卫的一切,如日高升,繁荣昌盛!①

在中古经贸合作方面,20世纪60年代,中国与古巴的贸易为记账贸易,双方交换的商品通过年度贸易议定书确定。1992年,中古双方在第五届经贸混委会上达成协议,决定自1996年1月1日起,终止贸易协定和支付协议,两国贸易方式由记账贸易改为现汇贸易。② 中古贸易方式的转变,给大中小外贸企业提供了更多贸易机会。改革开放之后,更多中国企业来到古巴考察市场,结识古巴客户,做了大量开拓性工作。

目前,中国是古巴第二大贸易伙伴,古巴是中国在加勒比地区第一大贸易伙伴。据中国海关统计,2017年,中古贸易额为17.6亿美元,其中中方出口13.6亿美元,进口4亿美元(见表2)。2018年,中古贸易额为15.6亿美元,其中中方进口4.8亿美元,出口10.8亿美元,同比分别增长-11.6%、20.6%和-21%。中国主要出口机电产品、钢材、高新技术产品、汽车等,主要进口镍、食糖、酒类等。2016年,古巴在中国投资761万美元。③ 截至2017年底,中国在古巴承保工程完成营业额2.585亿美元,派出人数119人,年末在外人数175人(见表3)。④ 到2016年底,中国对古巴直接投资存量共为1.3亿美元,投资领域主要是农业、旅游、电信、轻工等;古巴在华投资项

---

① 冰心:《拾穗小札》,作家出版社1964年版,第101—103页。

② 驻古巴使馆经商处:《古巴市场及中古贸易》,《世界机电经贸信息》1997年第Z3期,第59页。

③ 数据来源:《2018年中国统计年鉴》。

④ 数据来源:《2018年中国统计年鉴》。

目共 19 个,实际投资累计 6047 万美元,投资领域涉及酒店和生物医药品等。

表 2　2017 年中古贸易情况(单位:万美元)

中古进出口总额	中国向古巴出口	中国向古巴进口
175503	135704	39799

数据来源:《2018 年中国统计年鉴》。

表 3　2017 年中古劳务合作(承包工程)情况

完成营业额/万美元	派出人数/人	年末在外人数/人
25850	119	175

数据来源:《2018 年中国统计年鉴》。

现在,在古巴的大小道路上,就可以看见跑着的宇通客车。中国宇通自 2005 年进入古巴市场以来,在古巴进口客车中占有率达到 95％以上。[①] 在古巴的铁路上,也有二七机车制造厂生产的 DF7G 型内燃机车。2019 年 5 月份出口古巴的中国产铁路客车正式投入运行。古巴的很多自行车、家电等是从中国进口的。古巴的电信设备更有很多是中国的,青年岛特区的整个电信平台就是中国巨龙公司给做的,中兴公司验收的。中国也有很多对古巴的援助项目,如水稻、蚕禽养殖、水电站建设等。中国在力所能及的范围内,为古巴提供帮助。

今日古巴的社会福利

虽然面临着美国的经济封锁,但古巴政府在社会保障工作中却取得了举世瞩目的成就。从 20 世纪 80 年代中期开始,古巴社会保障体系的覆盖面就已达到 100％,全民教育免费,享受

---

① 刘旭霞:《中国客车助力古巴城市交通优化升级(第一现场)》,《人民日报》2019 年 6 月 18 日第 17 版。

公费医疗服务。这在全世界是少有的。

一系列数字能够反映出古巴的社会福利。2018 年,古巴政府预算的 48.7％用于全民医疗和教育事业(见图1)。2016 年,就业人口中拥有大学本科及以上学历的占 23.7％,成人识字率 99.8％。在古巴,有超过 380 万个家庭,其中 90％的家庭拥有自己的住房。古巴的失业率非常低,近年来这一比率一直在下降。2019 年的失业率仅为 1.2％(见表4)。根据 2017 年联合国粮农组织和泛美卫生组织的报告,古巴的营养不良率低于 2.5％。根据联合国儿童基金会 2018 年 2 月的报告,古巴是拉丁美洲和加勒比地区唯一一个已经消除儿童严重营养不良现象的国家。2018 年古巴人的预期人均寿命为 80 岁,婴儿死亡率为千分之五,15—49 岁艾滋病患者仅为 0.4％。[①] 古巴已经被世界卫生组织认证为全球首个消除艾滋病毒及梅毒母婴间传播的国家。面对美国的制裁,古巴人民安居乐业,这是卡斯特罗政权稳固的重要基石。

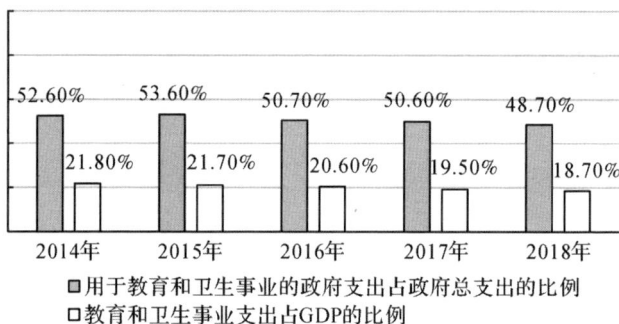

图 1 古巴公共支出情况

数据来源:Oficina Nacional de Estadística e Información, *Anuario Estadístico de Cuba*, Edición 2018.

---

① 数据均来自世界银行数据库。

表 4 古巴的失业率

	2013 年	2014 年	2015 年	2016 年	2017 年	2018 年	2019 年
总失业率/%	3.3	2.7	2.5	2.0	1.7	1.7	1.2
女性失业率/%	3.5	3.1	2.6	2.2	1.6	1.8	1.2
男性失业率/%	3.1	2.4	2.4	1.9	1.7	1.6	1.2

数据来源：Oficina Nacional de Estadística e Información，*Anuario Estadístico de Cuba*，Edición 2018.

社会主义更新：学习中国？

1990 年,古巴蔗糖最后一次按照旧有的合作方式卖给苏联,古巴收入 48 亿美元。2002 年蔗糖卖到国际市场之后收入不到 5 亿美元。蔗糖的产量已经从 1989 年的 800 万吨下降到 2001 年的 360 万吨。古巴政府终于承认了制糖业再也无法维持其过去所拥有的特殊优势这个现实。糖的替代品已经得到了发展。糖类产品的贸易兴盛时期已经一去不复返了。2002 年,古巴政府终于宣布,不再把甘蔗种植业和蔗糖加工业作为国家的经济支柱产业。[①]

事实上,古巴的经济改革从 1991 年开始初露头角。在 1990 年 2 月古共中央召开的特别全会上,卡斯特罗正式提出了特殊时期的经济发展战略,即依靠自力更生来保证生存和发展的新战略。同时,古巴政府也认识到,"古巴这样一个小国,只凭本国资源很难发展,必须与带来资金、技术和市场的外国公司合伙",但古巴决不能坐等美国解除对古巴的封锁,而必须采取积极主动的战略进行经济开放,以尽快摆脱困境。1991 年 10 月,古巴政府在古共"四大"上将对外开放确立为国策,放宽经济政策,创造投资环境,积极吸引外资。

1992 年,古巴取消国家对外贸的垄断,古巴国务委员会下

---

① ［英］理查德·戈特著,徐家玲译:《古巴史》,中国大百科全书出版社 2013 年版,第 436 页。

属的各部委纷纷成立国有外贸公司,形成了古巴外贸战线的一支生力军。其中规模较大的集团公司是 CIMEX、CUBALSE、CUBANACAN。其中 CIMEX 集团是古巴在巴拿马注册的股份有限公司,名义是私人公司,但是产权归古巴国家所有,目前共有 83 家下属子公司,其中古巴国内 23 家、海外 54 家(包括美洲 43 家、欧洲 10 家、日本 1 家)。集团的业务构成如下:旅游业 27%、服务业 7%、金融业 4%、商业贸易 34%、不动产22%、航运业 5%、控股公司 1%。①

1995 年和 1996 年古巴政府分别颁布《外国投资法》和《自由区和工业园区法》,从法律上确立了外资、合资和联营企业的地位,承认了古外合资企业是古巴经济中的一种企业所有制形式,并制定和健全了相关的优惠政策。根据这 2 个法律,古巴开放了除国防、教育和卫生保健外的几乎所有经济部门,并重点在旅游、蔗糖、通信、镍、石油等产业上吸引外国投资。

2006 年 7 月,卡斯特罗因病将国家最高权力临时移交给胞弟劳尔·卡斯特罗。为了应对古巴面临的困境,劳尔·卡斯特罗开始重新探索经济发展之路。2006—2008 年,劳尔进行了大量的调研工作,在不同场合强调以振兴经济为政府工作重点的思想,提出"更新社会主义发展模式"的主张,这标志着古巴新一代领导人改革的决心。但是应该看到,古巴的改革并不是大刀阔斧的,而是谨小慎微的。劳尔·卡斯特罗曾发布古巴的改革理念——"虽不仓促,但不停顿"。他曾警告说:"急促会导致

----

① 古巴重要企业——CIMEX 集团公司介绍,见 http://cu.mofcom.gov.cn/article/ztdy/200509/20050900385635.shtml。

我们犯'即兴和天真'的错误,导致监督缺位,个人非法致富。"①

2011 年,随着古巴共产党六大的召开,古巴进入社会主义经济模式更新的历史新阶段。但应该看到,废除货币双轨制、国企改革等步伐缓慢,对经济的拉动作用并不显著。2016 年 4 月召开的古巴共产党七大上,劳尔·卡斯特罗遗憾地指出,六大颁布的《纲要》已经完成 313 条中的 21%,另有 77%处于实施阶段,2%尚未启动。

2018 年 4 月,古巴第九届全国人民政权代表大会在哈瓦那闭幕,曾担任古巴国务委员会第一副主席的迪亚斯-卡内尔(Miguel Díaz-Canel)正式接替劳尔·卡斯特罗担任国务委员会主席。从一定意义上看,古巴正式开启最高权力交接过渡期,也为古巴建设繁荣和可持续的社会主义提供了重要的人事和制度保障,更为古巴共产党增强凝聚力、向心力和创新力提供了强大动力,古巴社会主义发展将在未来数年内呈现革命一代与"新生代"的"新老共治"格局。

2019 年 2 月 24 日,古巴就"是否通过新宪法草案"进行全民公决,投赞成票的占选民总数的 78.30%,占投票选民的86.85%,新宪法顺利通过。4 月 10 日,古巴新宪法正式生效。迪亚斯-卡内尔表示,当前古巴的首要任务是着眼于未来进行发展,其中国防与经济是重中之重。他强调古巴将与时俱进提高政府管理效率,呼吁古巴民众团结面对美国的封锁。

应该看到,到目前为止,虽然古巴政府在经济开发区、旅游业、新能源等行业中引入了市场要素,但没有任何政府或党的文件将其定义为"开放"或"改革"。古巴政府的计划经济色彩

---

① Discurso del General del Ejército Raúl Castro Ruz en la Clausura de la IX Legislatura de la ANPP, el 19 de abril de 2018, Cuba Debate, 20 abril 2018.

依然浓重,国有经济占统治地位,市场经济在个别领域刚刚起步。古巴的私有经济局限于个人的房屋租赁、私人餐饮等,上一定规模的私有企业几乎不存在。因为惧怕财富集中在极少部分的私人手中,古巴政府不得不牺牲劳动生产率,制约了古巴经济发展的潜力。但是也正是因为古巴谨慎的"更新"措施,古巴才成为拉美最稳定、最平等的国家。

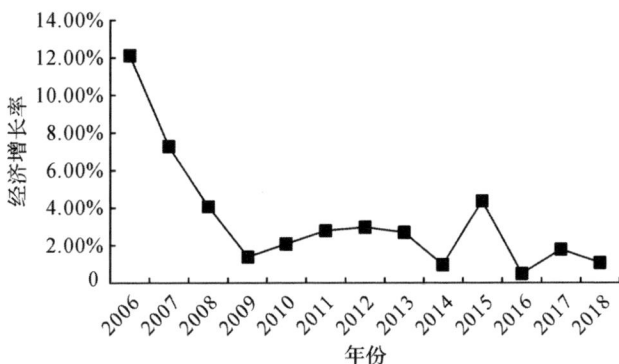

图 2 古巴经济增长率(2006—2018)

表 5 1990—2018 年古巴的经济状况

年份	1990 年	2000 年	2010 年	2018 年
GDP/十亿美元	28.65	30.57	64.33	96.85
GDP 增长率/%	−2.9	5.9	2.4	1.8
通货膨胀率/%	5.3	1.7	1.2	4.1
农业、林业、渔业占 GDP 的比重/%	13	7	4	4
工业(包括建筑业)占 GDP 的比重/%	17	26	23	24
货物和服务出口额占 GDP 的比重/%	30	14	23	15
货物服务进口额占 GDP 的比重/%	41	17	18	12
军费支出占 GDP 的比重/%	—	—	3.3	2.9

续　表

年份	1990 年	2000 年	2010 年	2018 年
每 100 人移动手机普及率/%	0	0.1	8.9	40.2
使用互联网人口占总人口比重/%	0	0.5	15.9	49.1

数据来源：世界银行数据库。

古巴的对外贸易

总体来说，古巴对外贸易长期处于逆差状况。21 世纪以来，古巴与委内瑞拉结为联盟，签订多项互助条约，委内瑞拉购买了古巴出口的专业服务（医生、护士、教师等）的 75%，成为古巴外汇的主要来源。古巴的服务贸易收支顺差在 2013 年达到顶峰，这不仅弥补了货物赤字，而且让古巴首次在全球收支中获得了顺差。由于委内瑞拉爆发严重的经济危机，古巴的专业服务出口在 2014—2017 年间下降了 23%，对 GDP 的贡献从 13.8%下降到 8.3%。

2015 年和 2016 年是古巴尤为困难的 2 年。2015 年，古巴货物出口总额下降了 31%。2016 年货物出口额再次下降，下降 30.8%。2017 年货物出口基本与 2016 年持平，为 24.02 亿比索。古巴出口下降的原因既有商品价格下跌的影响，也有出口数量减少的影响。镍是古巴的第一大出口外汇来源商品。2016 年，镍在世界市场上的平均价格跌幅达到 14.4%。蔗糖价格虽然上涨了 40.2%，2016 年达到每磅 18.20 美分，高于 2015 年的 12.98 美分，但是受气候影响，2016 年古巴蔗糖收成很差，产量只完成了计划的 80%。2015 年的糖季生产为 192.4 万立方吨，2016 年只有 150 万立方吨。此外，2015 年委内瑞拉深陷国内政治危机，减少了对古巴的石油援助。古巴不得不向其他国家购买燃料，以减小委内瑞拉的供油赤字。然而，其他市场提供的资金条件与委内瑞拉给予的优惠条件不可同日而语,这给古巴财政造成很大压力。此外,2016年10月,古巴还受到马特乌飓风的袭击,对关塔那摩省造成巨大的破坏,损失达到14.84亿比索,3.8万套住房受损,道路、电力和通信等基础设施受到严重损坏。① 2016年,古巴时任经济与计划部长马里诺·穆里略(Marino Murillo)不得不宣布,采取紧缩政策,2016年减少约15%的进口量,并暂停17%的计划投资,以应对外汇收入的快速下降。

古巴国家统计和信息办公室(ONEI)的数据显示,2017年古巴的主要贸易伙伴是委内瑞拉、中国、西班牙、加拿大、墨西哥和巴西。2017年古巴的进口主要来自委内瑞拉(18%)和中国(16%),其次是西班牙(11%)、墨西哥(4%)、巴西(4%)和俄罗斯(4%)。2017年古巴出口的主要目的国是:加拿大(19%)、委内瑞拉(16%)、中国(15%)、西班牙(9%)、荷兰(4%)和比利时(3%)。出口到荷兰的原因是伦敦金属交易所在荷兰设立了交割仓库。②

古巴进口的主要产品是石油、机械和运输设备以及食品,主要出口产品是镍、烟草、药品、海产品、朗姆酒和石油产品。

其中,烟草是古巴的国家象征之一。只有古巴肥沃的红土,才能孕育出世界上最好的烟草。古巴雪茄融合了阳光、土壤和延续了5个世纪的卷烟艺术,还有加勒比海人的热情,这是一种无与伦比的产物。古巴雪茄的好不仅仅是因为它的味

---

① 《应对挑战 更新社会主义经济模式——对2015—2016年古巴经济的初步评析》,摘译自2017年2月15日西班牙《起义报》,见http://www.globalview.cn/html/global/info_16462.html。

② Oficina Económica y Comercial de España en La Habana,*Cuba：Informe Económico y Comercial*,marzo 2019,p.15.

道醇厚独特,更因为它被赋予了独特的历史、文化及其精神。
"吸完雪茄后不要捻灭——让它体面地死去",这是在古巴烟民
中流行的一句话,表达了古巴人对雪茄的感情以及他们的英雄
情结。目前,烟草的种植和雪茄的制作均掌握在古巴政府手
中,其国际贸易则由 Habanos S. A. 公司垄断。Habanos S. A.
公司成立于 1994 年,是英国帝国烟草公司(Tobacco)与古巴国
有企业 Cubatabaco 的合资公司。官方数据显示,古巴在
2017—2018 年间收获烟叶约 32000 吨,比上一年增加了近
10%。2018 年,古巴雪茄出口达到 5.37 亿美元,比上一年增长
了 7%,为历史新高。尽管古巴雪茄无法进入美国市场,但古巴
雪茄仍占了全球市场份额的 70%左右。①

表 6　2012—2018 年古巴主要出口产品类别

单位:亿比索

	2012 年	2013 年	2014 年	2015 年	2016 年	2017 年	2018 年
总额	55.77	52.83	48.57	33.5	23.17	24.02	23.73
矿产品	10.12	7.11	7.42	5.21	4.64	6.18	7.46
蔗糖	4.77	4.63	4.16	4.36	3.60	4.78	1.84
烟草	2.24	2.45	2.27	2.11	2.30	2.41	2.60
水产品	0.66	0.71	0.79	0.65	0.74	0.79	0.78
农牧产品	0.24	0.26	0.31	0.28	0.24	0.25	0.24
其他产品	37.74	37.67	33.62	20.89	11.65	9.61	10.81

资料来源:*Oficina Nacional de Estadística e Información*,*Series Estadísticas Sector Externo*(1985-2018)。

---

① Oficina Económica y Comercial de España en La Habana,*Cuba: Informe Económico y Comercial*,marzo 2019,p. 8.

表7 2006—2018年古巴货物进出口统计

单位:亿比索

年度	出口额	进口额	进出口总额	进出口差额
2006	29.20	95.00	124.20	−65.70
2007	36.90	100.80	137.70	−63.90
2008	36.60	142.30	178.90	−105.70
2009	28.80	89.10	117.90	60.30
2010	45.50	106.44	151.94	−60.95
2011	58.70	139.52	198.23	−80.82
2012	55.77	138.01	193.78	−82.24
2013	52.83	147.07	199.90	−94.24
2014	48.57	130.37	178.94	−81.80
2015	33.50	117.02	150.52	−83.53
2016	23.17	102.70	125.87	−79.53
2017	24.02	101.72	125.74	−77.70
2018	23.73	114.84	138.57	−91.12

资料来源:Oficina Nacional de Estadística e Información, *Series Estadísticas Sector Externo*(1985-2018).

表8 古巴自委内瑞拉进口的石油

单位:万桶/天

年份	每天进口石油
2000	5.3
2001	5.3
2002	5.3
2003	5.3
2004	9.2

年份	每天进口石油
2005	9.2
2006	9.25
2007	9.15
2008	9.33
2009	9.33
2010	9.72
2011	9.63
2012	9.11
2013	9.93
2014	8.94
2015	9
2016	8.755
2017	7.235
2018	5.5

数据来源：2010—2014 年的数据来源于 PDVSA 年报，2015 年之后的数据根据路透社消息估算。

虽然美国制裁古巴，但美古之间一直存在有限的贸易往来。美国是古巴主要的粮食进口来源国。2000 年，随着《2000年贸易制裁改革和出口促进法案（TSRA）》的通过，国会批准美国向古巴等国销售某些食品、药品和医疗设备，但信贷和融资受到限制。2001 年 11 月，古巴遭受了飓风灾害，美国政府破例向古巴递交外交照会表示慰问，并表示愿意提供人道主义援助。这是在 40 年的古美关系中从未出现过的。古巴对此表示感谢，并主动提出由古巴国营公司用美元现金购买美国的食品和药品,美国同意。12 月 16 日,载有价值 3000 万美元的美国食品和粮食的货船抵达哈瓦那,这是 1962 年美国对古巴实施禁运以来,两国之间第一次直接通商。尽管美国国务院负责拉美事务的国务卿力诺·古铁雷斯强调,美国对古巴的禁运政策并没有改变,但此后两国之间的直接贸易不断扩大。据官方统计,从 2001 年 12 月开始到 2004 年 8 月,古巴向美国购买的食品价值总计 9.6 亿美元(见表 9),古巴在美国出口中的地位从倒数第 1 位上升到第 39 位。①

表 9　美古贸易额

单位:百万美元

年份	美国向古巴出口	美国向古巴进口
1996	5.3	0.0
1997	9.4	0.0
1998	3.6	—
1999	4.5	—
2000	7.0	—
2001	7.2	—
2002	145.9	0.2
2003	259.1	0.1
2004	404.1	0.0
2005	369.0	—
2006	340.5	0.1
2007	447.1	0.1
2008	711.5	—

①　毛相麟:《古巴社会主义研究》,社会科学文献出版社 2005 年版,第 266 页。

续　表

年份	美国向古巴出口	美国向古巴进口
2009	532.8	—
2010	363.1	0.3
2011	363.3	—
2012	464.5	—
2013	359.6	—
2014	299.1	—
2015	185.7	—
2016	241.8	—
2017	291.3	—
2018	271.0	1.3
2019	286.5	2.5
2020	160.0	14.6

数据来源:美国人口普查局。

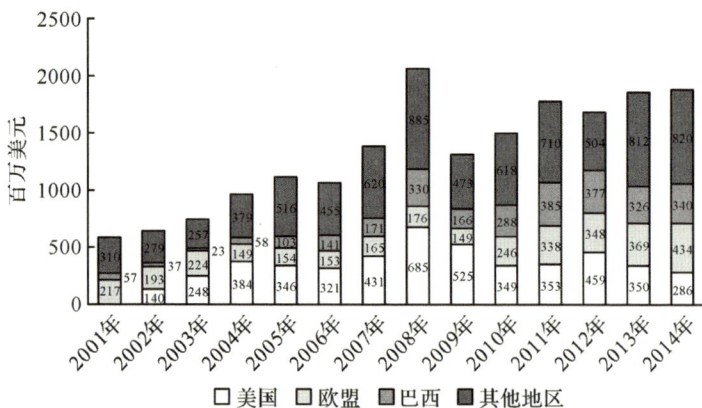

图3　2001—2014年古巴粮食进口来源

数据来源:美国人口普查局。

古巴马里埃尔经济发展特区和外国投资

2013 年 9 月,古巴批准通过了《马里埃尔发展特区法》及《实施条例》,并于 11 月 1 日正式生效。马里埃尔发展特区(ZEM)被视为"古巴面向世界的门户"。它位于首都哈瓦那以西 45 千米处,总面积 465 平方千米。规划包括港口码头区、物流支持区、工业园区(轻工业、高科技和重工业)、现代服务区(电信和信息)、运输集散中心(航空、陆地和海运)、商务中心(房地产和展厅)、休闲娱乐区、酒店设施等。古巴政府为马里埃尔发展特区提供一系列政策优惠(见表 10),来吸引外国投资。

表 10 古巴主要税收政策比较

法律 / 税种	《马里埃尔发展特区法》(313 号法令)	新《外国投资法》(118 号法令)	《税法》(113 号法令)
企业所得税	前 10 年免税(特殊情况可延长),之后 12%	前 8 年免税(特殊情况可延长),之后 15%	35%
劳动力使用税	免税	免税	20%(至 2016 年逐步减至 5%)
地方发展贡献金	免税(缴纳特区发展基金)	投资回收期内免税	由每年的预算法案规定,逐步实施
销售税或服务税	开业后第 1 年免税,之后 1%	开业后第 1 年免税,之后享受批发应纳税率或销售税率减免 50% 的优惠	批发销售税率 2%;服务税率 10%。将逐步征缴
个人所得税	适用第 118 号法令	免税	15%

续　表

法律 税种	《马里埃尔发展特区法》(313号法令)	新《外国投资法》(118号法令)	《税法》(113号法令)
自然资源开发利用和环境保护税（5个税种）	适用第118号法令	投资回收期内享受应纳税率减免50%的优惠	海滩开发使用税、河流排污税和地下水资源使用税：每年由预算法案规定；林业资源和野生动物资源开发使用税、港湾开发使用税按照第113号法令规定征缴
关税	投资期内，免缴生产资料和设备关税	投资期内免税	按照关税税则征缴
社会保险金	14%	14%	14%

信息来源：商务部，对外投资合作国别（地区）指南：古巴（2020年），2020年，第59—60页。

　　但是应该看到，古巴在吸引外国投资方面进展是缓慢的。古巴政府对外国投资表现得依然比较谨慎。自《外国投资法》于2014年实施以来，古巴政府已批准了175个投资项目，承诺投资额达55亿美元，但实际落实的资金只有5亿美元，只占古巴要达到可持续发展需要的25亿美元的五分之一。[①] 截至2018年，马里埃尔发展特区已经批准了43家企业入驻，2018年获得了超过4.74亿美元的外商投资。但是，大多数公司正在建设中，只有17家公司在2018年开始运作。导致外国投资增长缓慢的原因主要有古巴政府的官僚主义、对开放市场的恐惧、对外国投资的偏见，外国投资者无法直接雇用员工支付工

[①]　Omar Everleny Pérez Villanueva, La Inversión Extranjera Directa en Cuba, *Horizonte Cubano*, Universidad de Columbia, 2018.

资,货币汇兑的双轨制,外国投资者对古巴缺乏认识和足够的动力,以及美国总统特朗普对古巴的强硬政策等。虽然古巴新《外国投资法》制定了鼓励投资的优惠政策,但通常对外资企业的审批十分谨慎,在经营范围和产品销售等方面限制比较严格。由于古巴行政机构审批程序繁复,多种建筑物资当地供应常出现不足,客观上给经济特区的项目推进带来一定负面影响。[①] 而古巴学者认为,美国的经济封锁和对古巴进行评级的机构确定古巴是高风险的国家,是阻碍外国投资的最大 2 个障碍。劳尔·卡斯特罗主席曾进行反省:"在投资领域我们并不满意,谈判的过程经常拖得过长。必须坚决克服充满对外国投资的偏见的过时的思想。"[②]

为了保护外国投资者不受美国制裁,古巴政府并没有详细公布在古投资的外国投资者名单。但是根据西班牙驻古巴经商处的报告,我们能够大致了解古巴的外国投资情况。截至2018 年底,在马里埃尔发展特区成立公司的外国企业来自 19个国家:西班牙、法国、荷兰、越南、墨西哥、韩国、巴西、新加坡、加拿大等。古巴 50％以上的投资项目来自欧盟国家。西班牙是古巴旅游业、工业、金融服务业、供水、水泥等领域的主要投资者。2016 年西班牙的数据表明,西班牙对古巴的投资额为3.71 亿欧元,与 2015 年相比增长 10％。2016 年,西班牙投资存量集中在 3 个行业:烟草行业占总量的 62％,住宿服务业占总数的 25％,金融服务业(保险和养老基金除外)占总数的 7％

---

① 商务部:《2018 年对外投资合作国别(地区)指南:古巴》,2018 年版,第 85 页。

② 《应对挑战 更新社会主义经济模式——对 2015—2016 年古巴经济的初步评析》,摘译自 2017 年 2 月 15 日西班牙《起义报》,见 http://www.globalview.cn/html/global/info_16462.html。

（见表 11）。加拿大则是古巴旅游业、能源和镍业的主要投资者。此外，中国、巴西和委内瑞拉在古巴也有重要投资。其他国家则微不足道。自 2007 年以来委内瑞拉和古巴签署了大量合作协议。古巴还与巴西签署了协议，成立了几家镍、烟草和蔗糖领域的合资公司。马里埃尔发展特区改造的承包商就是巴西 Odebrecht 公司。

表 11　2016 年西班牙对古巴的投资存量

单位：千欧元

行业	西班牙对古巴的投资存量
烟草行业	230.50
住宿服务	90.60
金融服务	25.90
金融服务相关业务	9.40
造纸业	7.30
其他企业咨询业务	4.60
建筑业	2.20
信息服务	0.10
运输活动	0.07
机械制造业	0.02
总计	370.69

数据来源：Oficina Económica y Comercial de España en La Habana，Cuba：*Informe Económico y Comercial*，marzo 2019.

振兴旅游业

古巴是旅游爱好者的天堂。细沙银滩、热情的骄阳、热情奔放的混血美女和帅哥、带着旧时光印记的古董老爷车吸引着成千上万的国际游客。国际旅客们主要目的地为巴拉德罗海滩、圣玛丽亚岛和椰子岛。旅游业目前是古巴外汇的第一大来源。旅游业是古巴政府提出的《2030年社会发展计划》中的重点。古巴政府正在积极寻求主题公园、游乐园、生态公园、高尔夫旅游度假区等旅游产品的投资。

苏联解体之后，为了增加外汇储备，走上自力更生的道路，古巴政府在20世纪90年代向旅游部门投入了35亿美元，大力发展旅游业。古巴政府激励欧洲的连锁酒店与当地酒店联合开拓古巴旅游市场。截至2017年5月，古巴境内共有25家合资企业从事旅游业，此外，19个境外酒店集团在82个合同项下获得古巴酒店经营管理权，客房总数达41000间，占该国现有酒店客房数量的62%。目前古巴境内较大的外国酒店连锁集团有西班牙的美利亚（Meliá）和伊贝罗之星（Iberostar），分别运营28家和17家酒店，客房总量分别达13000间和6500间。此外，加拿大的蓝钻公司（Blue Diamond）在古巴共管理15家酒店，8472间客房。①

在奥巴马任内，美古关系缓和给古巴旅游业带来了巨大的发展。2014年12月，美古关系解冻，奥巴马政府大幅降低了对美国旅客前往古巴旅行的限制。越来越多的美国游客前往古巴旅游。赴古美国旅客从2014年的9.1万名激增到2018年的63.8万名，这还不包括古巴裔美国人。

然而，特朗普政府改变了奥巴马任内放宽对美国公民到古巴旅游的政策，收紧了奥巴马政府对古巴的"破冰政策"。2017年6月16日，特朗普政府宣布限制美国公民前往古巴旅游，并

---

① 商务部：《2018年对外投资合作国别（地区）指南：古巴》，2018年，第41页。

禁止美国企业与古巴军方控制的企业进行生意往来。2019 年 6 月初,特朗普政府又宣布不允许通过客船和娱乐船只访问古巴,包括游轮和游艇,以及私人飞机和公务机,据称新的限制旨在向古巴政府施压,迫使其停止支持委内瑞拉总统马杜罗。10 月 25 日,美国政府又下令美国的航空公司暂停飞往哈瓦那以外任何古巴城市的航班,进一步限制美国公民前往古巴。特朗普政府的禁令使古巴旅游业遭受新的打击。

2018 年前往古巴的国际游客人数为 468.4 万(见表 12),主要来自加拿大、美国、意大利、英国等(见表 13)。同时,中国赴古巴旅游的人数也逐年递增(见表 14)。

表 12　2013—2018 年古巴国际游客人数

单位:万人

年份	2013	2014	2015	2016	2017	2018
人数	283.9	298.1	350.6	397.5	459.3	468.4

数据来源:Oficina Nacional de Estadística e Información, *Anuario Estadístico de* Cuba 2018,Edición 2019.

表 13　2018 年古巴国际游客主要客源国和人数

客源国	人数/万人
加拿大	110.9
美国	63.8
古巴裔美国移民	60.0
意大利	20.8
德国	18.9
俄罗斯	13.8
法国	17.8

续　表

客源国	人数/万人
墨西哥	10.7
英国	17.2
西班牙	13.7
阿根廷	9.7

数据来源：Oficina Nacional de Estadística e Información，*Anuario Estadístico de* Cuba，2018，Edición 2019.

表 14　2013—2018 年中国赴古巴旅游的人数

年份	2013	2014	2015	2016	2017	2018
中国赴古巴旅游的人数/万人	22.7	29.0	33.9	40.6	43.3	49.8

数据来源：Oficina Nacional de Estadística e Información，*Anuario Estadístico de* Cuba 2018，Edición 2019.

国有企业仍然是古巴旅游业市场的主力军。2018 年，古巴国际旅游收入共 29.69 亿可兑换比索（CUC），只有 4.739 亿为私有部门获得。[1] 古巴最大的国有旅游集团是 Gaviota(海鸥)、Gran Caribe(大加勒比)和 Cubanacion。

古巴国有旅游公司通常有 3 种方式与外国公司合作。一是建立合资企业，古巴国有公司占 51% 的股权；二是与外国公司签订管理和服务合同，通过外国旅行社预订酒店房间，外国旅行社向古巴国营公司交固定的年费以及营业收入的一定百分比；三是签订包括信贷协议的管理合同，通常为中期(3—5年)，利率约为 8%，古巴酒店需要大规模建设或翻修时，通常与

---

[1]　Oficina Nacional de Estadística e Información，*Anuario Estadístico de* Cuba 2018，Edición 2019，p. 16.

外国公司签订此类合同。目前,古巴84％的四星级和五星级酒店都是合资企业,或者与国外旅游公司签订管理和服务合同。目前与古巴旅游公司建立合资企业共同运营的外国公司有17家,在86家酒店经营39422间客房。在古巴业务量最大的前3家外国酒店分别是Melia、Blue Diamond和Iberostar。①

毫无疑问,外国投资的明星行业是旅游业。古巴政府计划在未来15年内新建超过10万间客房,其中至少有3万间客房将与外资合作建设。

此外,医疗旅游也是古巴政府近年来尤其重视的领域。古巴以其先进的医疗技术、高素质的工作人员和创新的医疗手段而享誉国际。多年来,古巴政府一直致力于完善医疗旅游设施,提高专业人员的素质,为在岛上恢复健康的游客提供最好的服务。古巴与多国达成了健康旅游协议,如古巴公司和加拿大公司签订了"为了幸福的晚年"的计划(For a happy age),年龄在75—85岁之间,身体和精神状况良好,有自理能力的加拿大老人在冬季访问古巴两三个月,进行观光旅游兼治疗。一些世界名人也选择古巴作为康复与休养之地,如著名的阿根廷足球运动员马拉多纳就在古巴生活了近5年,最后成功戒毒。圭亚那总统戴维·阿瑟·格兰杰(David Arthur Granger)在被诊断出患有血液淋巴细胞癌之后,自2018年末以来已多次前往古巴,在哈瓦那医学外科研究中心(CIMEQ)接受治疗。

---

① Richard E. Feinberg y Richard S. Newfarmer, *Turismo en Cuba en la Ola hacia la Prosperidad Sostenible*, 2016, Latin America Initiative at Brookings and Kimberly Green Latin American and Caribbean Center, pp. 17-18.

开发油气业和新能源

作为陆地石油资源贫乏的国家，古巴长期依靠原油进口。20世纪60年代，卡斯特罗将古巴的石油工业国有化，从美国手中夺回了石油工业，并成立古巴石油学会（ICP），研究古巴的地质条件。在苏联专家和科学界人士的联合研究下，1968年，发现了瓜纳博矿床（Guanabo）。次年，卡斯特罗政府与苏联签署协议，对瓜纳博矿床（Guanabo）地质进行深入研究，并模拟石油勘探和开采。10年后，在巴拉德罗、卡马里奥卡和马坦萨斯省均发现了各种规模的新矿床。研究表明，古巴矿床的特征与构成北美南部、墨西哥、中东、委内瑞拉、特立尼达或俄罗斯南部的大型矿床的特征类似，从地质学角度分析，古巴陆上、浅水区和深水区均具有油气蕴藏的基本条件，古巴岛的北部和墨西哥湾古巴专属经济区的深水区具有相当大的石油潜力。

然而，由于勘探和开采资金短缺，加上苏联对古巴的低价供应，古巴石油工业长期以来没有得到充分开发。20世纪80年代，苏联每年低价供古原油1000万—1300万吨，但1989年苏联解体后随即中断了廉价石油的供应，之后，随着委内瑞拉左翼总统查韦斯上台，委内瑞拉承担起古巴能源保证人的责任。古巴依赖委内瑞拉石油。委内瑞拉与古巴签署了优惠供油协议，每天从委内瑞拉进口10万桶石油。自2015年以来，委内瑞拉陷入政治危机，2017年委内瑞拉向古巴出口的原油降低到原来的三分之一。目前，古巴不得不从阿尔及利亚和俄罗斯进口石油。

能源是工业和民生之基。为了降低能源依赖度，古巴政府正在做"三手准备"——勘探新油气田、发展炼油设施、开发可再生新能源。这3个战略需要巨大的投资。从20世纪90年代开始,古巴石油领域逐渐对外开放,引进外资,能源产业成为古巴优先引入外资发展的 12 个产业之一,石油工业得到了很大发展。

首先,在新油气田的勘探方面,为加快勘探开发,古巴国家石油公司(CUPET)将其浅海和墨西哥湾海域划分成 50 个油气勘探区块,每块约为 2000 平方千米,通过与外国石油公司签订风险勘探合同,先后从加拿大、法国、巴西和西班牙等国引进资金和技术,推动油气田的勘探开发。[①] 目前已有 17 块海区与外国石油公司签订了风险勘探合同。2004 年 3 月,中石化集团同古巴国家石油公司签署了《关于 1、2、3、4 区块的备忘录》。2005 年 1 月,中石化集团胜利油田与古巴国家石油公司签订了《3 区块勘探开发及产品分成合同》,正式加入古巴石油风险勘探的行列。中国石油长城钻探工程有限公司约 160 名中国工程师在古巴工作,与古巴工程师一起进行风险勘探。[②] 2011年,习近平同志在古巴访问期间,考察了中石油长城钻探工程公司古巴项目。

加拿大谢里特国际公司(Sherritt International Corporation)、西班牙雷普索尔石油公司(Repsol)、马来西亚国家石油公司(Petronas)、委内瑞拉国家石油公司(PDVSA)、俄罗斯石油公司(Rosneft)、俄罗斯海外石油公司(Zarubezhneft)等均与古巴国家石油公司签订了联合风险勘探合同,在墨西哥湾进行深水钻探。

---

① 中国驻古巴大使馆经济商务参赞处,http://cu. mofcom. gov. cn/article/ztdy/200505/20050500084916. shtml

② Raúl Menchaca,ESPECIAL:*Cuba Busca Petróleo en el Mar con Ayuda China*,2019-04-12,http://spanish. xinhuanet. com/2019-04/12/c_137972591. htm

其次,在石油基础设施的开发方面,古巴的石油工业设施在 1989 年以前基本是由苏联和东欧援建,现在有的停建关闭,有的技术落后,设备陈旧,且零部件供应短缺。为解决这一问题,并进一步提高国内能源供应能力,委内瑞拉国家石油公司(PDVSA)还在古巴投资建设炼油厂。委内瑞拉国家石油公司与古巴国家石油公司在 2006 年签署协议,进行西恩富戈斯省炼油厂的修复工作,在马坦萨斯省建设一个日处理能力为 60 万桶的燃料存储中心,并在西恩富戈斯省炼油厂与马坦萨斯省燃料存储中心之间建立一条输油管道。

关于古巴的石油储量目前并没有定论。2008 年,古巴宣布已探明可采石油储量 200 亿桶,主要储藏在墨西哥湾古巴专属经济区。但根据美国地质调查局公布的数据,古巴近海石油储量约 50 亿桶,最多不超过 90 亿桶。[①] 根据古巴官方数据,目前古巴每年的原油和天然气产量接近 400 万吨,其中 300 万吨为重质原油,几乎所有原油都用于发电。炼油厂产能达到 13.5 万桶/日。[②]

除此之外,利用可再生能源发电是古巴能源与矿产部的另一项重要任务。这将减小对化石燃料的依赖,减少对自然环境的污染,实现能源独立。古巴政府的目标是到 2030 年,可再生能源发电量达到总发电量 24%。而目前这一比例仅占 4%。届时,可再生能源发电增加 2334 兆瓦,其中 25 个生物质电厂发电 872 兆瓦,光伏太阳能发电 700 兆瓦,14 个风电场发电 656 兆瓦,其余 106 兆瓦来自小型水力发电和工业沼气厂。可

[①]　商务部:《对外投资合作国别(地区)指南:古巴(2018 年)》,2018年,第 5 页。

[②]　见古巴国家石油公司(CUPET)网站:https://www.cupet.cu/?lang＝es.

见,古巴可再生能源发电政策主要包括以下方面:

第一,生物质发电。古巴"2016—2017 年外商投资项目目录"中包含了 19 个糖厂生物质(蔗渣)发电项目,这些项目的建成投用将减少 7 亿吨二氧化碳排放量。2012 年,古巴、中国和英国三国合资成立生物质电力公司(BIOPOWER),负责在位于谢戈德阿维拉省的希罗·雷东多(CIRO REDONDO)糖厂附近新建一座装机容量为 60 兆瓦的生物质发电厂,利用蔗渣和一种名为麻风树(MARABU)的植物发电。2020 年 1 月,该厂投产。投产后每年为古巴节省约 10 万桶石油。

第二,风电。古巴计划在全国 32 个地区建 88 个 50 米高空自动测风仪及一个可测 100 米高空风速的气象站,古巴电力联盟表示将通过优化 13 个风力发电站,减少 90 万吨二氧化碳排放量。拉斯图纳斯省艾拉图拉一号(HERRADURA-1)海滩风电园项目将成为古巴最大的风力发电场,将安装 34 台单机容量为 1.5 兆瓦的风机,建成后每年可发电 153 千兆瓦时。在风电领域,西班牙是最主要的投资者。西班牙风能企业的目标是:古巴的风电总产量的近 70% 将在未来 5 年内都由西班牙公司开发。

第三,太阳能光伏发电。古巴已在全国范围内选定太阳能光伏发电站建设区块。其中,比纳德里奥省已确定 25 个地区用于建设光伏园区,预计将产生 109 兆瓦的电能。在中国的资源和技术捐赠下,比纳德里奥省的一家太阳能光伏板厂(Pinar 220 A2)于 2018 年 2 月开始运营。目前,古巴共有 65 个太阳能公园正在运营,另外 15 个太阳能公园处于不同的建设阶段,发电量占古巴电能消费量的 1.15%。

第四,水力发电。根据科学、技术和环境部关于"开发可持续能源"的方针,水电计划成为政府规划的一部分,古巴政府计划到 2030 年建设 74 个小型水电站，用于发电和农田灌溉，总装机容量达 56 兆瓦。中国水电企业也积极参与了古巴的水电设施建设。在本书下篇"古巴与浙江"中，将详细阐述浙江小水电在古巴的合作案例。

第五，废弃物发电。古巴政府还计划充分利用畜牧业、禽业、糖业以及食品废弃物进行发电。

抗癌特效药：世界级的生物研究能力和医疗系统

　　一般来说，生物技术被认为是典型的资本密集、技术密集、人才密集行业，它高投入、高风险和高回报，鲜有人敢于尝试。尤其是在第三世界国家，生物技术更是鲜有人问津的领域。戈登斯坦(Daniel J. Goldstein)在 1989 年时曾指出：第三世界国家无法实施发展强大生物技术产业的科技政策。他们的领导人错误地相信，现代生物技术产业可以在没有强大的原创科学学校的情况下建立起来。因此，他们没有努力改革那些研究基础薄弱的大学，也没有看到让医院重视临床研究的重要性。科学能力的缺乏、战略眼光的差距、政府和企业研究资金的短缺，以及第三世界化学和制药工业天然的依附性使得第三世界国家发展具有竞争力的生物科技成为极不可能的事件。①

　　古巴用事实反驳了戈登斯坦。在卡斯特罗革命之前，由于外国利益集团的高度控制，古巴的经济局限在种植业和开采业，古巴的科技发展几乎为零。20 世纪 50 年代，国际复兴开发银行的特鲁斯诺特别委员会曾赴古巴研究贷款条件，之后在报告中明确指出："古巴在应用研究和实验室领域的进展是一片

---

　　① Daniel J. Goldstein, Ethical and Political Problems in Third World Biotechnology, *Journal of Agricultural Ethics*, 1989(2), pp. 5-36.

空白。"①因此,古巴的生物科技行业完全是白手起家。然而,在美国对古巴实行了 60 年的贸易禁运和封锁的背景下,古巴这样资本有限、技术有限、人才有限的小岛国却开发出了具有成本效益的成功替代方案,在几乎被跨国医药公司垄断的生物技术领域里杀出了一条"血路"。发展国家生物技术是古巴的国家战略,旨在减少对跨国医药公司的依赖,增强自主性和独立性。目前,古巴的基因重组技术、癌症疫苗、传染病疫苗、抗自身免疫药剂、植物细胞的微生繁殖和生物药物等领域均已经达到国际水平。

　　2001 年在世界银行委托进行的一项研究中,美国的科技思想库兰德公司根据科学能力的大小将国家划分为 4 类:发达、精通、发展中和落后。在拉美和加勒比海地区,只有巴西和古巴达到"精通"的标准。② 古巴生物技术产业的出口成为古巴经济的收入之一,古巴向 40 个国家销售约 38 种药品。官方数据显示,虽然近年来医药和药品的出口量下降,但 2017 年仍达到约 2.35 亿美元。③ 除此之外,2014 年,古巴 5 万名医务工作者在委内瑞拉、巴西等全球 60 个国家(地区)提供医疗服务,医疗服务出口额上升至 82 亿美元,占所有服务出口的64%,超过旅游、侨汇和镍矿的出口总和,成为古巴第一大创汇产业。④

　　事实上,在其他拉美国家中,在生物技术领域,不乏出色的

---

　　①　联合国教科文组织:《2010 全球科学发展现状》,第 123 页。
　　②　联合国教科文组织:《2010 全球科学发展现状》,第 123 页。
　　③　Oficina Económica y Comercial de España en La Habana,*Cuba*:*Informe Económico y Comercial*,marzo 2019,p. 11.
　　④　商务部:《对外投资合作国别(地区)指南:古巴(2018 年)》,2018年,第 31 页。

科学家。如阿根廷人贝尔纳多·奥赛(Bernardo A. Houssay)和美国生化学家科里夫妇于 1947 年共同获得诺贝尔生理学或医学奖。1970 年,阿根廷人卢伊斯·弗德里科·莱洛伊尔(Luis Federico Leloir)获得诺贝尔化学奖。但是没有一个拉美国家在生物技术的成就方面可以与古巴媲美。

我们不禁要问,像古巴这样的第三世界小国如何敢于把高端的生物技术作为国家经济战略中的支柱产业? 为什么古巴会获得成功?

古巴生物技术发展历程

卡斯特罗革命政府成立数月之后,1960 年 1 月,卡斯特罗总统发表了他的第一份科学政策声明。"我们国家的未来一定是科学人才的未来,一定是思想人才的未来,因为这正是我们现在所播撒的种子,我们播撒的是拥有才智的机会。"①这份"野心勃勃"的声明成为古巴科学发展政策的基石。古巴的发展模式逐渐变成以教育和科学发展为重点的国家计划经济。

1961 年,卡斯特罗颁布《高等教育改革法案》,强调理科的重要性。该法案提出:"在今天的古巴社会中,大学是现代科学技术为古巴人民服务的纽带;大学的主要目标之一是开展科学研究,培养大学教学人员和学生积极投身于研究的态度,并与大学以外的科研机构和技术组织合作。"②

1962 年,古巴科学院成立,其任务是培养高中教师,包括 7 个学院:数学、物理、化学、生物科学、地质学、地理学和心理学。

---

① 联合国教科文组织:《2010 全球科学发展现状》,第 123 页。

② Angelo Baracca, Roselta Franconi, *Subalternity vs. Hegemony, Cuba's Outstanding Achievements in Science and Biotechnology*,1959—2014,New York:Springer International Publishing,2016,p. 28.

由于大量的知识分子在古巴革命之后离开了古巴,学校教学工作面临巨大的困难。但是在苏联、意大利、法国、墨西哥、阿根廷等科学家的帮助下,古巴在物理学等学科研究中取得了很大进展。

1965 年,卡斯特罗政府建立国家科学研究中心(西班牙语缩写"CENIC")。其主要目的是促进和支持所有领域的科学研究,以及开展研究生教学。政府在国家科学研究中心的硬件设备上投入了大量的资金,包括购买电子显微镜和大型计算机等。生物科学是 CENIC 的优先发展领域,当今生物技术、基因工程和制药中心最高级别的科学人员大多曾在国家科学研究中心接受教育。后来,国家科学研究中心还推动成立了古巴最重要的多家研究中心,如神经科学中心、国家动物卫生中心、遗传学和生物技术研究中心、免疫分析中心等。

在 20 世纪六七十年代,古巴政府的重心在发展物理学上。80 年代开始,古巴生物技术的发展才得到了飞跃。特别是1981 年大规模登革热疫情暴发之后,古巴医学得到大力推动。虽然古巴于 1977 年曾经历过登革热疫情的暴发,但 1981 年暴发疫情的严重程度前所未有:2 种登革热病毒——DEN-1 和DEN-2 型同时出现,其中 DEN-2 型登革热会导致致命的登革出血热。到疫情结束时,共有 344203 名古巴人曾患上登革热,10312 例感染登革出血热,158 例死亡。[1] 这场史无前例的灾难严重地揭示了古巴公共卫生系统以及医疗水平的缺陷。卡斯特罗决定建立生物学统一阵线(Frente Biológico),负责全国生命科学研究的协调和管理工作。生物学统一阵线后来成为古

---

[1] G. P. Kourí, M. G. Guzmán, and J. R. Bravo, "Hemorrhagic Dengue in Cuba: History of an Epidemic," *Pan American Health Organization Bulletin*, 1986(20), pp. 24-30.

巴第一个生物科学生产基地——西哈瓦那科学极点（Polo Científico del Oeste de La Habana）。

当时，古巴医生在阅读相关西方文献之后，对干扰素治疗癌症表现出极大的兴趣。他们认为人类的防御系统在被病毒攻击时，自然产生的蛋白质干扰素是治疗癌症最有效的治疗剂。这些古巴医生首先拜访了美国最著名的肿瘤学家之一、MD安德森癌症中心的主任伦道夫·李·克拉克（Randolph Lee Clark，1906—1994）。伦道夫·李·克拉克在古巴的邀请下，还前往古巴，参观了古巴的医疗机构，并会见了卡斯特罗。他说服卡斯特罗相信干扰素是极具有前景的。在伦道夫·李·克拉克的推荐下，1981年初，6名古巴病毒学家、免疫学家和生物化学家参观了芬兰科学家卡里·坎特尔（Kari Cantell）的实验室，学习从人体血细胞中制造工业标准干扰素的技术。他们回到古巴后，在卡斯特罗的支持下，在短短6个月内，将一座豪宅改建成实验室，这就是生物研究中心。卡里·坎特尔被邀请到古巴参与生物研究中心的剪彩，并与卡斯特罗促膝长谈。生物研究中心成立之后，卡斯特罗几乎天天都去那里，了解科学家们的研究进展。到1986年，古巴成为仅次于芬兰的第二大天然人类白细胞干扰素生产国。[①] 尽管后来干扰素并没有成为古巴政府最初希望的治疗癌症的"魔法棒"，但它对于提高古巴人对自己的生物技术信心至关重要。1982年至1986年间，古巴科学家在生物研究中心开展了一系列分子生物和基因工程的研究，这是古巴创新的第一步。

1981年，联合国工业发展组织（UNIDO）组织国际竞赛，以

---

① Angelo Baracca, Roselta Franconi, *Subalternity vs. Hegemony, Cuba's Outstanding Achievements in Science and Biotechnology*, 1959-2014, New York: Springer International Publishing, 2016, p. 66.

促进第三世界生物技术的研究和开发。古巴以及其他 15 个国家申请参加。但最后，古巴科学家们意识到，在先进的西方工业国家设计和运营的框架内，第三世界国家的需求永远不会得到满足。因此，1983 年，古巴政府决定自主建立一个致力于基因工程开发和应用的新机构。基因工程和生物技术中心(CIGB)于 1986 年落成，美国 MD 安德森癌症中心的主任伦道夫·李·克拉克还前往古巴参加了开业典礼。基因工程和生物技术中心极大地推动了古巴生物技术企业的发展。该中心在投入运作后，通过引进先进的科学设备和技术，扩大了古巴生物技术部门的规模，提高了研究能力。据估计，古巴政府的投资超过了 1.5 亿美元，用于建造基因工程和生物技术中心。①

数百名古巴研究人员在基因工程和生物技术中心工作。该中心承担着促进古巴经济社会发展的责任，负责的领域包括生产蛋白质和激素，开发疫苗和药品，研究微生物、植物和动物细胞的基因工程，生产酶，等等。基因工程和生物技术中心的职能范围包括从研发到生产的全过程，后来还通过其下属的商业公司实现产品的销售。

1989 年至 1992 年，受苏联解体的影响，古巴国内生产总值骤减 30%。美国政府趁机对古巴加大制裁。在这样极度困难的情况下，古巴政府依然坚定不移地支持生物技术产业，还建立 3 个新的生物技术研发中心。1991 年成立卡洛斯·芬莱(Carlos J. Finlay)②研究所，用于开发疫苗化合物；1992 年成

---

① Patricia Grogg，"Fewer Shots，Same Protection from Disease"，*Inter Press Service*，2 October 2001. 转引自 Cuba，https://www. nti. org/learn/countries/cuba/biological.

② 卡洛斯·芬莱(Carlos J. Finlay)是古巴医生和科学家，是世界上公认的黄热病研究先驱。

立古巴国家生物制剂中心(BioCen),其宗旨是将其他生物技术研究机构的研究成果投入生产;1994年成立分子免疫学中心(CIM),用于研发和生产单克隆抗体。随后,古巴政府整合重要的生物研究中心,将基因工程和生物技术中心、卡洛斯·芬莱研究所、佩德罗·科里(Pedro Kouri)热带医学研究所、国家实验动物生产中心(CENPLAB)等划归到西哈瓦那科学极。西哈瓦那科学极成为一个活跃的科学知识创新社区。从1990年到1996年,古巴政府在西哈瓦那科学极投资了约10亿美元。[1]根据Cárdenas(2010)提供的2006年的数据,12000名员工和7000多名科学家与工程师在西哈瓦那科学极工作。[2]

　　地方层面的生物研究中心也陆续成立。1989年和1990年,分别在卡马圭(Camaguey)和圣斯皮里图斯(Sancti spititus)成立了遗传工程和生物技术中心的分部。1991年,成立谢戈德·阿维拉(Ciego de Ávila)生物技术中心,1992年成立圣克拉拉中央大学生物技术中心。此外,在奥尔金和圣地亚哥也成立了生物技术中心。

　　1995—2004年,在国家巨大的资金投入下,这些生物技术研发中心成功开发了B型抗脑膜炎球菌疫苗、乙型肝炎疫苗、牛蜱疫苗和用于肾脏移植的单克隆抗体,并获得第一批转基因动物。古巴的基因工程和生物技术中心还开发了许多医疗产品,包括肺炎、白喉、贫血和其他各种疾病的疫苗。这些疫苗在

①　Angelo Baracca, Rosella Franconi, *Subalternity vs. Hegemony, Cuba's Outstanding Achievements in Science and Biotechnology*, 1959—2014, New York: Springer International Publishing, 2016, p. 79.

②　Cárdenas A, "The Cuban Biotechnology: Innovation and Universal Health Care", http://www.open.ac.uk/ikd/sites/www.open.ac.uk.ikd/files/files/events/innovation-and-inequality/andres-cardenas_presentation.pdf.

临床应用中展现了良好效果。古巴婴儿死亡率大幅降低,乙肝的发病率下降,艾滋病患者的死亡率也大幅下降。

20世纪90年代中期,古巴成立科学、技术和环境部(CITMA)成立。该部管理12个为国家服务的科学中心。科学、技术和环境部每年都会制定国家科技总体规划,并组织专家对目标的完成情况进行跟踪。

2005年开始,古巴生物技术部门已经实现收支平衡,不再完全依赖政府的资金扶持。多种古巴医药产品开始对外出口,从古巴财政的"消费者"变成了古巴经济中不可或缺的"贡献者"。2012年12月,古巴政府将多家生物技术企业和药品生产企业合并,成立古巴生物技术和医药产业集团(BioCubaFarma),直接受古巴部长会议执行委员会的领导,成为古巴最大的生物制药巨头。该集团目前拥有34家公司和9家贸易公司,拥有20000多名员工和61条生产线。BioCubaFarma生产的药物有1000多种,其中482种被列入古巴卫生部的基本药物目录。有765种药物已经在53个国家注册,在国内和国外共注册专利2640项。[①]目前古巴最重要的生物技术研发中心见表15,最重要的20家科学研究机构见表16。

表15　古巴最重要的生物技术研发中心

名称	专业领域
基因工程和生物技术中心（CIGB）	生产对人类健康、农业和水产养殖生产、产业和环境有利的生物技术产品。主要产品有重组乙型肝炎疫苗、重组干扰素 α 和 γ、重组表皮生长因子（EGF）、链激酶和一些兽医产品,如牛蜱嗜热菌（Boophilus microplus）的重组疫苗

①　https://www.biocubafarma.cu/eng/.

续　表

名称	专业领域
卡洛斯·芬莱 (Carlos J. Finlay)研究所	人类疫苗的生产和商业化。它的主要产品是血清群 B 的脑膜炎球菌疫苗
分子免疫学中心(CIM)	用于治疗癌症和其他与免疫系统有关的疾病的生物制药的生产
免疫测定中心(CIE)	通过超微分析系统(SUMA),开发诊断系统,以及与之相关的设备和试剂
神经科学中心 (CNEURO)	脑疾病诊断和治疗、生产和临床应用
国家生物制剂中心 (BioCen)	为"科学极"(Polo cientifico)的组成机构提供生产服务,缩短生物技术的生产周期。研发培养基、抗贫血剂和过敏症的免疫治疗

数据来源:Romero, Idalia; Mauri, Mayda; Martínez, Dolmarys; González,Bárbara Aportes de la Biotecnología al Pensamiento Estratégico Cubano,*Economía y Desarrollo*,147(1),2012,p.113.

表 16　古巴科学研究机构的前 20 名

序号	机构名称
1	药物化学中心
2	古巴蔗糖衍生物研究所
3	畜牧学研究所
4	哈瓦那大学
5	基因工程与生物技术中心
6	佩德罗·科里热带医学研究所
7	哈瓦那技术大学·何塞·A·埃切瓦里亚
8	控制、数学和物理研究所
9	芬莱研究所

续 表

10	血型抗体机构（疫苗研发）
11	拉斯维亚斯中心大学·玛塔阿布雷鸟
12	国家动植物卫生中心
13	国家科学研究中心
14	国家农业科学研究所
15	生物植物中心——谢戈德阿维拉大学
16	古巴神经系统研究中心
17	植物卫生研究所
18	国家经济研究所
19	生态学与分类学研究所
20	气象学研究所

信息来源：联合国教科文组织：《2010 全球科学发展现状》，第 124 页。

目前，古巴的基因重组技术、癌症疫苗、传染病疫苗、抗自身免疫药剂、植物细胞的微生繁殖和生物药物等领域均已经达到国际水平。近 10 多年来，古巴开发了不少新产品，如干扰素、链激酶、表皮生长素、乙脑疫苗、乙肝疫苗、PPG（降胆固醇药）、egf/r3（治皮肤肿瘤药）、生物参数监视仪、脑电图工作站、肌电图仪等。古巴生产的这些药品和医疗器械对诊断或治疗肝炎、脑膜炎、肿瘤、艾滋病等有很好的效用。如此惊人的成绩得到了最具影响力的科学期刊的认可，如《自然》《科学》等。如果以在国际期刊上发表论文作为科学产出的表现形式，那么，古巴完全不亚于拉美其他国家。并且，古巴科学家的研究成果具有很高的质量。在疫苗开发方面，古巴甚至站在了研究前沿。2004 年 7 月，美国《科学》期刊发表了一篇关于哈瓦那大学开发抵抗 b 型流感嗜血杆菌的合成多糖结合疫苗的文章。

2005 年 9 月,《科学》杂志介绍了热带病学机构病毒院院长、世界登革热研究的重要专家玛丽古斯曼。该期刊 125 周年庆刊将其称为 12 个"全球科学声音"之一。[1]

根据公开资料,目前,古巴在癌症领域有两项药物已经得到了国际社会的认可。一是肺癌疫苗(CIMAvax)。2015 年,古巴向全世界宣布已经研发出针对肺癌转移的疫苗,CIMAvax 属于治疗性疫苗。该疫苗不能预防和治疗肺癌,但它能够促使病人的身体产生 EGF(表皮生长因子)抗体。EGF 是肺癌细胞增生、血管形成的关键,用 CIMAvax-EGF 配合放疗或者化疗等其他治疗可以有效缩小控制肿瘤。CIMAvax 作用机制为:(1)抑制受体酪氨酸激酶活性;(2)将细胞阻断在 G1 期(DNA 合成前期);(3)诱导某些肿瘤进入凋亡;(4)抑制肿瘤血管生成;(5)抑制某些肿瘤的远地转移。

美国癌症研究所 Roswell Park 和古巴分子免疫学中心组成合资企业,CIMAvax 已经在美国进行了临床试验,并得到美国食品药品管理局的批准,允许在美国分销。在古巴,CIMAvax 是免费的,主要用于化疗或放疗无效的三期或四期癌症患者。

二是蓝蝎肽(VIDATOX)。2007 年 10 月,波蒂尔教授从蓝蝎子的毒液中发现了 3 种可抑制癌细胞的蛋白质,其中有一种蛋白质能选择性地吞噬癌细胞而不伤害邻近的健康细胞,波蒂尔教授将这种奇妙的蛋白质命名为"蓝蝎肽"。患者在服用后食欲增强、睡眠质量改善、疼痛缓解,可以减少使用吗啡或其衍生物的频率和剂量,减少化疗和放疗的不良影响,大大改善患者的生活质量。

---

[1]　联合国教科文组织:《2010 全球科学发展现状》,第 129 页。

生物技术领域的国际合作网络

可以说,20 世纪 60—80 年代的古巴是一个充满活力的科学熔炉。卡斯特罗张开双臂,热烈欢迎世界各地的科学家、思想家。这些科学家和思想家让古巴接收到当时世界最前沿的科技和思想,他们对于古巴各领域的发展都起到了重要的推动作用。卡斯特罗的科学思想超越了意识形态的分歧。在东西方意识形态激烈对抗的冷战时期,他并不反对在科学领域与西方国家合作,相反,卡斯特罗非常敬仰和尊重西方科学家,惜才如金。外国科学家来到古巴交流,总会受到卡斯特罗的亲自会见。

首先,古巴在冷战时期得到了苏联和社会主义国家的大力支持。很多古巴科学家都曾前往苏联留学。尤其是在物理学科领域,苏联的物理学是国际顶级的,绝大多数古巴物理学家在苏联或社会主义国家最顶尖的科学机构进修过。古巴与苏联在 1965 年签订了"宇宙连接项目"(Intercosmos Program),在通信、气象、遥感、太空医学和生物学以及太空研究方面做了多项研究。1980 年 9 月,第一位古巴宇航员阿纳尔多·塔马约·门德斯(Arnaldo Tamayo Méndez)进入太空,成为西半球第一个不是美国人的宇航员,历史上第一位讲西班牙语的宇航员。为了这次飞行,古巴专家与宇宙连接项目计划中的苏联科学家合作进行了大约 20 次科学实验。[1]

古巴与苏联还在核物理方面进行了合作。1976 年,古巴与苏联达成协议,在西恩富戈斯省的胡拉爪市(Juraguá)建造核

---

[1] Angelo Baracca, Rosella Franconi, *Subalternity vs. Hegemony, Cuba's Outstanding Achievements in Science and Biotechnology*, 1959—2014, New York: Springer International Publishing, 2016, p. 46.

电站,目标是减少对进口石油的依赖。核计划是一项重大的政治决策,古巴政府为此成立了一个新的中央机构——古巴原子能委员会(CEAC),负责协调和控制主要工作。20世纪80年代,最优秀的古巴高中毕业生能够获得政府奖学金,专门研究苏联和其他社会主义国家的核技术。古巴还创建了14所致力于精密科学教学的职业高中(IPVCE)(每个省一所),直到今天,这些职业高中的学生仍然是大学中攻读理科学位的主要生源。[1]

在生物科学领域,由于复杂的历史原因,苏联的生物学科并没有取得创新性的发展。然而,古巴从20世纪80年代开始,却在生物学科中取得了最辉煌的成就,甚至超过了苏联。其原因之一是,意大利生物学家对古巴的生物技术发展做出了不可磨灭的贡献。[2]

1968年,法国科学家在哈瓦那举办夏季学校。那不勒斯遗传学家保罗·阿玛蒂(Paolo Amati)前往古巴,提议古巴政府举办6个月的集训课程。于是,古巴政府于1971年至1973年期间组织了3期集训课程,几位意大利最优秀的专家前往古巴授课。这些课程培养了新一代古巴领先科学家,对古巴生物技术产业的发展起了重要作用。此外,保罗·阿玛蒂还赠送给古巴一台Olivetti 101计算器,这台机器对遗传学研究至关重要。

意大利分子生物学家布鲁诺·科隆坡(Bruno Colombo)

---

[1]　Angelo Baracca, Rosella Franconi, *Subalternity vs. Hegemony, Cuba's Outstanding Achievements in Science and Biotechnology*, 1959—2014, New York: Springer International Publishing, 2016, p. 60.

[2]　Angelo Baracca, Rosella Franconi, *Subalternity vs. Hegemony, Cuba's Outstanding Achievements in Science and Biotechnology*, 1959—2014, New York: Springer International Publishing, 2016, pp. 47-50.

(1936—1989)决定从麻省理工学院辞职,来到古巴威廉索勒医院(Hospital William Soler)的血液学研究所(Institute of Haematology of the William Soler Hospital)工作。他在古巴工作了8年,专攻血液学。他成功地绕过美国的禁运,将设备、试剂等运到古巴(有时那些设备甚至来自美国),引领了古巴的生物学研究。1977年他回到意大利,但是与古巴的合作一直保持到他逝世之日(1989年)。意大利化学家桑德罗·干第尼(Sandro Gandini)也在古巴工作了很长时间。此外,意大利病毒学家希奥瓦尼(Giovanni Battista Rossi)和宝拉(Paola Verani)从1970年开始就为古巴的暑期课程授课。①

此外,在20世纪70年代,国家科学研究中心(CNIC)还与法国国家科学研究中心(CNRS)达成协议,并与西班牙和美国在神经科学领域进行合作。② 20世纪80年代,古巴科学家与法国、德国、日本、美国、芬兰、比利时、荷兰、英国、瑞典、瑞士、意大利、阿根廷、巴西、墨西哥、苏联和捷克斯洛伐克等国的科学家都保持着密切的合作和交流。在政府的资助下,古巴科学家前往西欧和美国学习,包括居里研究所(法国)、巴斯德研究所(法国)、海德堡大学(德国)和哈佛大学(美国)。随着古巴生物技术的发展,知识流动变得更加多样化,越来越多的科学家往返于古巴与欧洲之间。

此外,在社会科学领域,国外的知识分子也对古巴革命抱

---

① Angelo Baracca, Rosella Franconi, *Subalternity vs. Hegemony, Cuba's Outstanding Achievements in Science and Biotechnology*, 1959-2014, New York: Springer International Publishing, 2016, pp. 47-50.

② Baracca, Angelo, Franconi, Rosella, Subalternity vs. Hegemony, *Cuba's Outstanding Achievements in Science and Biotechnology*, 1959-2014, New York: Springer International Publishing, 2016, p. 36.

有浓厚的兴趣。一些左翼理论家为古巴革命所激励，纷纷来到古巴，提出建议，表达支持，希望与古巴合作。在那个时代，古巴社会和领导层非常乐于接受外国的建议，卡斯特罗和切·格瓦拉热情地向所有意见和建议敞开怀抱。让-保罗·萨特、西蒙·德·波伏瓦、利奥·胡贝尔曼（Leo Huberman）、保罗·斯威齐（Paul Sweezy）、赖特·米尔斯（Charles Wright Mills）、法国马克思主义经济学家贝特兰（Charles Bettelheim），以及波兰经济学家米哈尔·卡莱斯基（Michal Kalecki）都曾来到古巴，与古巴知识界交流。1960 年，让-保罗·萨特、西蒙·德·波伏瓦访问哈瓦那，并在那里会见了菲德尔·卡斯特罗和切·格瓦拉。萨特回到法国后，奋笔疾书，写成并出版了《萨特古巴行纪》。他在书中写下了自己与古巴知识分子的访谈内容，通过与他们的访谈，萨特坚定地认为，古巴革命是"直接民主"，是一场"真正的"革命，称赞切·格瓦拉是"我们时代的完人"。

古巴生物技术成功的因素

现在，我们或许可以尝试回答本节一开头提出的问题。为什么古巴敢于发展生物技术产业，并取得巨大的成功？是什么因素促成了古巴生物产业的成功？

首先，古巴政府是生物技术研发的投资者。古巴的生物技术行业从落后发展到当今世界领先，得益于古巴领导人始终将生物技术作为国家优先发展领域的信念，并为此义无反顾地投入巨额资金，即使在国家经济困难时期，生物技术产业的投资也没有间断。近年来，古巴的研发投入虽然低于拉美平均值，但是高于墨西哥、哥伦比亚、智利等经济状况优于古巴的国家（见表 17）。

表 17　2017 年拉美部分国家研发投入占 GDP 的比例

国家	研发投入占 GDP 的比例
古巴	0.43%
阿根廷	0.55%
巴西	1.27%（2017 年数据缺失，为 2016 年数据）
智利	0.36%
哥伦比亚	0.24%
墨西哥	0.33%
巴拿马	0.15%
拉美平均	0.64%

数据来源：RICYT，El *Estado de la Ciencia* 2019，Ciudad Autónoma de Buenos Aires：RICYT，p.75.

第二，卡斯特罗的亲力亲为，切·格瓦拉在古巴为了革命理想的志愿工作和道德激励，在古巴科学家中成功培养出了一种自豪感，这种自豪感变成一种集体意志，使得古巴科学界充满积极向上的社会责任感，激励着他们像海绵一样吸收西方先进技术，并全心全意贡献于生物研发事业。成功本质上是由古巴本土科学家支撑的。古巴革命是古巴科学家激发创造力的催化剂。为了促进这种革命性的利他主义，政府利用公共劝诫和政治教育，道德激励而不是物质激励，公民为了共同利益而自愿牺牲个人利益。这种理想化的游击队团队精神、纪律和奉献精神使得古巴生物技术产业以一种完全异于西方市场竞争的方式健康发展。

第三，生物技术是国家医疗卫生系统的组成部分，古巴的生物技术研究优先开发用于人民的疫苗，治疗影响贫困人口的疾病，如伤寒和霍乱。从根本上说，古巴发展生物技术是需求驱动的,而不是市场驱动的。这与跨国制药公司形成鲜明对比。跨国制药公司因将市场利益置于全球卫生解决方案和人类福祉之前而受到越来越多的批评。

第四,古巴生物技术的研发、生产和销售是完全民主的过程,这甚至得到了美国科学家的肯定。2005 年 9 月 8 日出版的《自然》杂志发表了密歇根古生物学博物馆的凯瑟琳·达格利(Catherine Dadgley)和密歇根大学自然资源与环境学院的埃维特·佩尔费克多(Ivette Perfecto)合作撰写的短文《古巴科研强调民主化,与利润脱钩》,文中写道:"一般认为,美国的科研是民主的,古巴的科研是反民主的。我们在与古巴同事的合作研究过程中发现,事实刚好相反。在古巴,待研究的科技问题首先是在地方社区提出来的,然后在本地的科研院所和大学里进行讨论,下一步,将基层的讨论意见传递到政府各部的高层和议会,最后,在政府部门和议会进行科技课题的筛选和优先次序安排。这是一种上下结合的制度(*up-and-down*),给公民提供了积极参与科研选题决策的机会。我们并未发现古巴忽视基础研究。比如,在考古学、古生物学、植物与动物地理学等许多基础科学领域,古巴都在开展研究。事实上,古巴对基础研究的支持比其他拉美国家都强。而在美国和欧洲,无论是政府资助还是企业资助的项目,科研选题常常取决于企业利益和政治利益的考虑,他们重视能带来利润和产生专利的题目,而符合公共利益的一些科研领域却在萎缩。"

第五,在 20 世纪七八十年代,古巴生物技术产业得到了苏联和西方国家的大力支持。

第六,古巴生物技术产业以"封闭循环"的模式运作,即集研发、生产、服务和贸易于一体。研究人员参与从研发到生产和贸易的整个过程,而不仅仅是一个环节。研究人员对于整个循环都负有责任。而在国外市场销售获得的利润,其中重要的一部分被再次投入研发中。各个机构之间合作而不是竞争。古巴生物技术的知识产权属于政府,因此,各机构之间不存在相互"设门槛"的问题。

第七,利用合资企业,古巴的医疗产品进入国外市场的能力大大增强。比如,2005 年,古巴与中国的生物技术制药公司签订了专利使用权转让协议,合作开发、生产和营销治疗自身免疫疾病和淋巴瘤的单克隆抗体。2004 年古巴与美国肿瘤疫苗公司(Cancer Vax)签订协议,将古巴疫苗技术转让给美国,古巴药物进入美国市场。

全民免费医疗体系的构建

在全球公共卫生领域,各国政府面临的一个关键问题就是:政府应完全承担医疗服务的责任,还是将医疗私有化,或者是采用混合方案? 古巴政府毫不犹豫地选择了第一项。

回想 1959 年革命胜利初期,虽然古巴看起来熙熙攘攘,浮华奢侈,但是实际上,当时古巴只有 3 所大学、1 所医科学校。6286 名医生集中在大城市,在革命胜利之后,50% 以上的医生都选择了移民美国。当时古巴的婴儿死亡率超过 60‰,预期寿命不到 60 岁,儿童免疫接种有限,传染病是当时古巴人面临的最大问题。[1]

卡斯特罗医疗改革首先从农村开始。政府招募了 750 名医生和医学生,将他们派往山区和沿海社区工作。1962 年底,在"吉隆滩胜利"基础科学和临床学院(Facultad de Ciencias

---

[1]　Gobierno de Cuba, *Informe Nacional sobre la Implementación de la Agenda* 2030,2019,p. 46.

Básicas y Preclínicas Victoria de Girón)的奠基典礼上,卡斯特罗提出要培养大量医生的宏伟目标。1982 年,卡斯特罗重申了古巴培养的医生必须有最高的专业素质、科学素质、政治素质、道德素质和人文素质,并强调了培养全科医生及家庭医生的重要性。

20 世纪 70 年代,在 1978 年阿拉木图宣言(Declaration of Alma-Ata)之前,古巴政府在各地建立了多专业综合诊疗所,并在 80 年代中期通过"家庭医生和护士计划",提高了社区卫生系统的预防和临床服务能力。到 90 年代,该计划在全国范围覆盖了超过 95％的人口,基本上做到哪里有人民,哪里就有医生,即便是在最遥远的山区,也有家庭医生为人民服务,卡斯特罗称之为"一场家庭医生的革命"。

2008 年,古巴的初级卫生保健再次发生变化。241 个多专业综合诊疗所进行了大规模的翻修。这些诊疗所可以提供以前只有医院才能够提供的服务。现在,综合诊疗所平均能提供 22 项服务,包括 X 光、超声、验光、内窥镜检查、溶栓、急诊、创伤学、母婴护理、牙科、免疫接种以及糖尿病和老年人护理。而每个医学院的学生在获得学位后,都必须接受 1 年的家庭医学培训和 2 年的社区医疗实习。这使得社区多专业综合诊疗所的治疗水平得到了大大提高。

现在,古巴是全球唯一一个实现全民免费医疗的国家。古巴政府承担了巨额的医疗卫生支出,占 GDP 的 10％左右。古巴人口约 1100 万,全国共有 449 个综合诊疗所、10869 个家庭医生和护士问诊处、1125 个口腔诊所、150 家医院、131 个母婴中心、150 所敬老院、30 所心理教育医疗中心和 12 个研究所。[①]
古巴全国共有 13 所大学拥有医学院，还有 2 所独立医学
院——拉丁美洲医学院和国立公共卫生学校。现在，古巴每千
名居民中有 8.2 名医生、7.7 名护士，古巴一岁之内的新生儿死
亡率低于 4‰。古巴人均期望寿命为 78.45 岁。这些指标均高
于许多发达国家。[②] 根据世卫组织的数据，2016 年美国每千名
居民中只有 2.59 名医生，西班牙每千名居民中只有 4.06 名医
生。2019 年 1 月 19 日，美国《纽约时报》刊文《我们可以向古巴
医疗系统学习什么?》，对比了美国和古巴的医疗系统。该文指
出，古巴虽然缺少先进的医疗设施，但是每个人都可以获得免
费的医疗服务，不会出现"无人看管"的情形，古巴人从不会因
病返贫。相比之下，美国医学虽然具有最先进的技术，并且取
得了非凡的成就，但价格昂贵，没有提供给人最基本的医疗
保障。[③]

在古巴政府的努力下，14 种传染病，如脊髓灰质炎、白喉、
麻疹、腮腺炎、百日咳和风疹都已经通过打疫苗的方式被消除。
2 种疾病(新生儿破伤风和结核性脑膜炎)，以及 2 种严重的并
发症(先天性风疹和颈动脉后脑膜炎)得到控制。11 种疾病的
疫苗中，有 8 种都是古巴国内生产。古巴还研发了抗链球菌

①　Gobierno de Cuba, *Informe Nacional sobre la Implementación de la Agenda* 2030,2019,p. 47.

②　Gobierno de Cuba, *Informe Nacional sobre la Implementación de la Agenda* 2030,2019,p. 47-49.

③　Nicholas Kristof,lo que Podemos Aprender del Sistema de Salud de Cuba, https://www. nytimes. com/es/2019/01/19/espanol/opinion/sistema-salud-cuba. html

病、季节性流感、大规模流行性流感、狂犬病和黄热病疫苗。[①]
截至 2018 年 11 月底,古巴每 10 万居民的艾滋病感染率为
20.6 例。每 10 万居民的结核病发病率为 5.5 例、疟疾发病率
为 0.2 例(外来)、乙型肝炎发病率为 0.5 例。[②] 古巴被世界卫
生组织认证为全球首个消除艾滋病病毒及梅毒母婴间传播的
国家。古巴在医疗卫生领域取得了巨大成就,受到了世界卫生
组织的赞誉。

医疗国际合作

鉴于古巴先进的医疗水平和生物科学研究水平,医学成为
古巴对外开展国际合作的重要一环。目前,古巴出口医疗服
务,输出眼科医生、护士和其他卫生人员到其他国家,特别是到
委内瑞拉。医疗专业服务出口额每年超过 9000 万美元。

古巴的医疗国际合作经历了以下阶段:

第一阶段是 20 世纪 60 年代到 80 年代,古巴派出医疗队
的目的主要是解放非洲和中美洲地区。1962 年底,在"吉隆滩
胜利"基础科学和临床学院的奠基典礼上,卡斯特罗宣布,革命
政府决定提供国际医疗援助。1963 年 10 月,古巴的医疗队第
一次前往阿尔及利亚,成为古巴特色的国际主义史诗的开端。
古巴医生和护士将生命和希望带到世界最偏远的角落,帮助最
贫困的人群。借助这种方式,卡斯特罗希望将正义的理念带给
第三世界国家的穷人,赋予他们反抗不公正秩序的勇气。

第二阶段是 20 世纪 90 年代。随着苏联的解体,古巴也进

---

① Gobierno de Cuba, *Informe Nacional sobre la Implementación de la Agenda* 2030, 2019, p. 47

② Gobierno de Cuba, *Informe Nacional sobre la Implementación de la Agenda* 2030, 2019, p. 50

入特别时期。但是古巴并没有切断医疗援助,而是出台"卫生综合计划"等,在力所能及的范围内,向拉美和非洲国家提供医疗服务和医生。1999 年,古巴正式成立拉丁美洲医学院,学习费用由古巴政府负担,要求学生毕业之后回到原来国家的农村和偏远地区,为人民大众服务。拉丁美洲医学院在成立之初向中美洲国家和海地的学生提供全额奖学金,因为中美洲国家和海地在 1998 年遭遇了 2 次巨大的飓风侵袭。1999 年 3 月,第一批尼加拉瓜学生抵达古巴。自 1961 年至 2013 年共有来自155 个国家的 64926 名学生在古巴学成毕业,其中 41% 的学生学习医学专业。①

1986 年 4 月 26 日凌晨,乌克兰普里皮亚季附近的切尔诺贝利核电厂的第四号反应堆发生了爆炸。从 1990 年开始,古巴先后将近 20000 名切尔诺贝利核泄漏事故受害者送到古巴海滨疗养院接受治疗(见表 18)。古巴政府为此投入大量的人力和物力,为这些无辜的受害者提供力所能及的医疗服务。

表 18 在古巴接受治疗的切尔诺贝利核泄漏事故受害者(1990—2001)

国家	总计/人	儿童/人	成年人/人
乌克兰	16028	13266	2762
俄罗斯	2928	2715	213
白俄罗斯	730	671	59
巴西	53	34	19
亚美尼亚	11	9	2

---

① http://cu.mofcom.gov.cn/article/ztdy/201508/20150801072526.shtml.

续　表

国家	总计/人	儿童/人	成年人/人
摩尔多瓦	4	2	2
总计	19754	16697	3057

数据来源：MINVEC2002，Colaboración cubana a otros países 1960-2001. La Habana，MINVEC.

　　第三阶段是 21 世纪之后，随着拉美左翼政府上台，卡斯特罗与拉美左翼国家，如委内瑞拉、巴西等国签订了"医生换石油""医生换粮食"等项目，这些项目在一定程度上帮助了古巴经济的恢复，古巴再次活跃在世界医疗援助的舞台上。在委内瑞拉，古巴医生的项目名为"走近社区"（Misión Barrio Adentro），古巴医生查韦斯在全国各地新成立多个初级卫生保健单位，为委内瑞拉底层民众提供医疗服务。委内瑞拉驻古巴前大使朱利奥·蒙特斯（Julio Montes）认为，"走近社区"计划在委内瑞拉掀起的是一场激进的革命，"人们无法相信，会有人敲开他们的家门，询问他们的健康状况。在委内瑞拉从未发生这种情况"。事实上，委内瑞拉政府先在国内招募本国医生去最贫穷的地区，为穷人提供医疗服务，然而，只有几十个委内瑞拉医生报名。目前，参与"走近社区"项目的医生中，古巴医生占 85％。如果只统计医生人数，不将护士和助理人员计算在内，这个比例更高。[①] 2013 年，巴西政府出台"更多医生"（Mais Médicos Para Brasil）项目，古巴通过与泛美卫生组织和世界卫生组织签订合同，向巴西派出大量医生志愿者，为巴西贫民窟、

---

　　① Westhoff，W. W.，Rodriguez，R.，Cousins，C.，& McDermott，R. J，Cuban Healthcare Providers in Venezuela: A Case Study，*Public Health（Elsevier）*，124（9），2010，pp. 519-524.

亚马孙偏远地区的巴西人民提供医疗服务。古巴医生成为真正达到忘我境界的"无国界医生"。"奇迹行动"则是古巴和委内瑞拉合作的另一个医疗外交项目,该项目始于2004年,到2005年9月结束。在古巴进行眼科手术的加勒比海国家的人已经达到4212名,委内瑞拉人达到79450人。虽然在项目的初始阶段,患者被送往古巴治疗,但是之后,古巴医生开始在拉美国家的眼科中心为患者进行免费的治疗,帮助眼疾患者恢复光明。

古巴国际医疗合作的形式,主要有以下几种:

首先,派遣医生前往穷困地区以及受灾国家提供医疗服务。2005年,卡斯特罗建立了一支专门在灾区和疾病流行地区工作的国际医疗大队,名叫"亨利·里夫"。亨利·里夫(Henry Reeve)这个名字来自一个美国人,他参加了古巴独立战争,并任古巴解放军高级职位。2005年当卡特里娜飓风席卷美国新奥尔良的时候,古巴派出医疗人员,配备药品和急救物资向美国提供医疗救助,但是遭到了美国的拒绝。中国四川汶川地震之后,卡斯特罗第一时间派出古巴医生前往中国灾区。亨利·里夫医疗队还参与了2005年巴基斯坦地震、斯里兰卡和印度尼西亚海啸的救灾医疗工作。2020年新冠肺炎疫情暴发,古巴将其医疗队派往意大利、委内瑞拉、尼加拉瓜、苏里南、牙买加和格林纳达等59国。

其次,药物出口、联合研究和诊疗。古巴医疗产品于1990年开始出口。古巴国家生物制剂中心于1995年开始大规模生产乙型肝炎疫苗,出口到伊朗,为古巴与伊朗在生物技术方面的合作奠定了基础。在古巴政府的支持下,随后,伊朗投入6亿美元,建设了1个生物技术研究所。在过去10年中,伊朗、中国、印度、阿尔及利亚、巴西和委内瑞拉已成为古巴生物技术的主要接收国。

中古医疗合作涵盖了高层交流、联合药物研发、药物引进、建立中古友谊眼科中心等多方位的合作形式。中国和古巴政府每年召开生物技术联合工作组会议,会面探讨合作领域。由中国和古巴分子免疫中心共同开发的项目——第三代治疗癌症新药"基因重组人源化单克隆抗体 hR3"初显成效,这是两国在生物医药领域开展的重要科技合作项目,也是当时古巴对外合作投资中最大的高新技术项目,被中国列为国家 863 重大项目、国家高新技术产业化专项项目。2006 年,被誉为古巴"国宝"的纯生物降胆固醇药——"多甘烷醇片"引进中国,其降脂效果之快、安全性之高都优于普通同类药品,受到中国人民的欢迎。

中古友好眼科医院项目于 2005 年正式启动。一开始,中国与古巴政府共同出资,在中国中西部城市,如西宁、大同、鹤壁合作建立了 3 家中古友好眼科医院,为中国人民送来光明的福音。然而,由于古巴的经济持续恶化,几年后古巴政府不得不撤资。在项目的第二阶段,中古改变了合作方式。古巴与安徽省第二人民医院的合作采用中方出资、古方医疗服务中心(SMC)派遣眼科专家来中国工作并提供先进眼科医疗设备的形式,在安徽省第二人民医院院内建立中巴眼科友谊中心。古巴政府提供价值 4000 余万元的居于世界最先进水平的眼科医疗设备和技术。随后,古巴政府派遣 10 余名古巴国内的顶级专家,来中国服务。古巴医生在中国的服务期通常是 3—5 年。由中方负责古巴医生的住宿,为古巴医生提供必要的生活条件。古巴医生参与病房的查房、手术,也有定期的门诊。古巴医生还参与院内组织的下乡义诊、继续教育班授课、学术讨论等。安徽省第二人民医院均给古巴医生配备了西班牙语翻译。

鉴于安徽省第二人民医院的良好运作,越来越多的古巴医生期望来华工作。安徽省第二人民医院也定期派出医生前往古巴学习和交流。西宁爱尔眼科医院等也用这种方式与古巴进行医疗合作。①

2019年,永州经开区与古巴生物医药集团签署《中华人民共和国永州经开区和古巴共和国生物医药集团合作基础条款》,中国古巴生物技术联合创新中心是中国和古巴第一个政府共建研究机构。在中方支持下,古方组成若干个生物技术顶尖团队陆续进驻永州市,建立联合技术研究机构,重点对肺癌靶向药物、抗艾滋病药物、藻蓝素治疗中风和多发性硬化药物及多肽类药物等开展临床研究和实验。② 此外,古巴还帮助其他发展中国家,特别是与伊朗、中国和印度共同成立生物技术合资企业,转移生物技术。古巴还通过向巴西、哥伦比亚和委内瑞拉出口药品,来偿还部分债务。

第三,医学教育合作。1963年古巴向阿尔及利亚提供医疗援助时,就与阿尔及尔大学建立了联系,探讨了医学教育合作的可能性。1975年,古巴第一个国外医学院在也门的亚丁成立。该学院设置了由杰出的古巴教师团队为也门医生设计并指导的第一个公共卫生课程博士学位课程。1984年,圭亚那和埃塞俄比亚与古巴合作,开设医学院。目前,古巴在安哥拉、厄立特里亚、冈比亚、几内亚比绍、赤道几内亚、圭亚那、尼加拉

---

① 基于对安徽省第二人民医院王莎莎医师的访谈。访谈日期:2019年9月1日。

② 《中国古巴生物技术联合创新中心签署正式协议》,http://www.sohu.com/a/305525048_120042175.

瓜、坦桑尼亚、东帝汶、乌干达、海地建有医学院。① 卡斯特罗希望通过医学院,将免费医疗的概念传播到非洲和拉美国家,帮助非洲和拉美国家培养更多的医生。此外,位于古巴的拉丁美洲医学院也为外国学生提供免费的大学教育,在选拔学生时,特别照顾那些来自穷困国家穷困地区的学生,为他们提供受教育的机会,并激励他们回国之后,为所在社区的人民提供医疗服务。

美国的担忧

古巴强大的医疗水平、生物研发和输出能力,引起了美国的深度担忧。尽管卡斯特罗一再重申对生物武器的研发没有兴趣,但是,美国一再指责古巴发展和扩散生物武器技术。

1998 年,美国国防情报局发布报告,认为古巴有潜在的生物武器开发计划。该报告称:“古巴目前的科学研发设施和专业知识至少可以满足进攻性生物武器计划的研究和开发需求。古巴的生物技术产业是新兴国家中最先进的生物技术产业之一,可能会成为生物武器的生产国。”

1999 年发生的 2 件大事再次将古巴推上风口浪尖。苏联生物备战研究所副主任肯·阿里贝克(Ken Alibek)叛逃到西方之后,撰写了一本名为《生化危机》的书。他在该书中提到,虽然他没有第一手资料来证实古巴正在开发生物武器项目,但他之前的领导尤里·卡立宁(Yuri Kalinin)在 1990 年访问古巴后表示,他相信哈瓦那政府已经深深卷入了生物武器的研究

①　Ivonne Santiesteban Pérez, Kenia Monjes Leyva, Rita María Ferrán Torres, "La Cooperación Internacional de Cuba en la Docencia Médica Superior, Vía Posible para una Cobertura Universal de Salud," *Educación Médica Superior*, 2017,31(2).

工作。苏联向古巴提供了多种直接援助，包括与生物武器有关的知识和设备。① 阿里贝克是知识渊博的生物武器专家，他的观点引起了美国国内不小的骚动，但美国并没有具体证据来证实这些指控。

另一个事件是迈阿密大学的工程师马努埃尔·赛雷合 (Manuel Cereijo)于 1999 年发表了一份关于古巴对美国安全构成威胁的评估，其中包括所谓的生物武器威胁。同样，赛雷合也没有证据证实古巴拥有生物武器，但赛雷合声称古巴从东方国家购买发酵罐、过滤设备和病原体，这些病原体与用于开发和制造细菌生物武器的病原体是相同的。②

2002 年，当时的美国副国务卿约翰·博尔顿在传统基金会发表演讲宣称，除伊拉克、朝鲜和伊朗这 3 个"邪恶轴心"国家外，古巴、利比亚和叙利亚 3 国也正在发展大规模杀伤性武器，其中古巴除自行发展生物武器技术外，还将这一技术扩散到了一些对美国不友好的"无赖国家"。他指出，美国往届政府低估了古巴对美国构成的威胁，而实际上，由于苏联的长期支持，古巴在过去 40 多年中一直保持着完备的生物医药产业，并正在发展尖端的生物武器技术。美国国务卿科林·鲍威尔在梢后的新闻发布会上澄清：我们确实相信古巴具有生物攻击性研究能力。我们并没有说它实际上有这样的武器，但它有能力进行这种研究。

---

① Ken Alibek, and Stephen Handelman. *Biohazard: The Chilling True Story of the Largest Covert Biological Weapons Program in the World ——Told from Inside by the Man Who Ran It*, New York: Random House, 1999.

② Manuel Cereijo, "Cuba's Bacteriological Warfare Efforts", *Guaracabuya*, 1998, www. globalsecurity. org.

　　古巴政府强烈否认曾经或正在支持非法生物武器开发活动的指控。为此,古巴政府公开邀请华盛顿特区国防信息中心的专家访问由美国政府选择的生物技术研究基地。专家组访问了古巴生物技术中被认为最重要的 9 个研发中心。这次访问报告清楚地表明,没有发现任何可疑之处。

　　古巴于 1976 年 4 月 21 日就加入了联合国"禁止生物武器公约",承诺在任何情况下不发展、不生产、不储存、不取得除和平用途外的微生物制剂、毒素及其武器,也不协助、鼓励或引导他国取得这类制剂、毒素及其武器。然而,由于古巴具备开发生物武器的能力,尽管并没有证据表明古巴拥有生物武器,美国仍采取了先发制人的诋毁策略。为了防患于未然,钳制古巴的发展,美国对古巴的经济制裁一直延续至今。

美古关系转暖,生物科学先行

　　古巴强大的医疗研发能力让美国垂涎欲滴。在美古建交之前,美国公司就急于购买古巴生产的疫苗和相关药物。1997年,美国史克必成公司(Smithkline Beecham)①说服了美国财政部,并获得财政部的许可,允许买进古巴的抗脑膜炎药物,供其做实验用,但是该疫苗的进口一直被拖延。1999 年 7 月,经美国财政部认可,史克必成公司与卡洛斯·芬莱研究所成立一家合资公司。根据有关协议,美国史克必成公司起初以食品和其他药物支付给古巴;当该疫苗开始在美国市场出售后,该公司将以美元支付专利使用权费。②

　　古巴的科学家一直享有很高的国际声望。美国科学促进

---

　　①　史克必成公司是世界十大医药保健品公司之一。

　　②　程阳和:《古巴的生物技术》,《生物技术通报》2001 年第 2 期,第40 页。

会、新美国基金会和其他机构一直在游说美国政府和国会同意古巴科学家在古巴和美国之间旅行,进行科学交流。小布什执政期间,2006 年,美国还颁布了为古巴驻外医务工作者量身定制的古巴医疗专业人员居留权签证项目(Cuba Medical Professional Parole Program),为古巴医生移民美国提供便利条件,争夺古巴优秀的医务工作者。

2011 年在哈瓦那,古巴分子免疫学中心(CIM)的免疫专家向罗斯威尔公园癌症研究所介绍关于分子免疫学中心开发的肺癌免疫疗法 CIMAvax-EGF。分子免疫学中心历时 20 年研发了该疫苗。美国罗斯威尔公园癌症研究所的科学家曾表示,他最初对分子免疫学中心拥有如此有效的肺癌疫苗感到非常震惊。一项 400 人的临床研究表明,这种疫苗会让肺癌患者的生存时间延长 1 年。2013 年罗斯威尔公园开始实验室研究,以了解更多有关 CIMAvax 和其他分子免疫学中心开发的免疫疗法的潜力。2015 年 4 月,纽约州政府安德鲁·部末(Andrew Cuomo)领导的古巴贸易代表团访问古巴,罗斯威尔公园癌症研究所总监约翰逊(Candace Johnson)博士与古巴分子免疫学中心达成合作研究协议。2017 年罗斯威尔公园癌症研究所启动 CIMAvax-EGF 早期临床试验,对晚期肺癌患者进行治疗。这是美国患者首次接受 CIMAvax 疗法。2018 年 9 月,罗斯威尔公园癌症研究所和古巴分子免疫学中心通过其各自的附属公司 GBCT II LLC 和 CIMAB S. A. 组建创新免疫疗法联盟公司(Innovative Immunotherapy Alliance S. A),总部就位于古巴马里埃尔经济特区。这是有史以来第一家美古合作的合资生物技术公司,旨在推动开创性免疫疗法在古巴以外的地方的研究。

目前罗斯威尔公园癌症研究所与古巴分子免疫学中心合

作开发 4 种古巴研制的免疫疗法,包括 CIMAvax、IL-2 突变蛋白、VSSP 和另一剂靶向肿瘤相关的神经节苷脂。其中,CIMAvax 已被用于治疗全球约 5000 名患者,在阿根廷、波斯尼亚和黑塞哥维那、哥伦比亚、古巴、哈萨克斯坦、巴拉圭和秘鲁,已经是一种经批准的肺癌治疗方法。除了用于肺癌治疗,医疗证据表明 CIMAvax 也能有效治疗结肠癌、头颈癌、前列腺癌、乳腺癌和胰腺癌,并可能可以预防癌症。

2014 年 12 月 17 日,美国总统奥巴马宣布将恢复与古巴的外交关系。奥巴马在演讲中列举了古巴和美国可以促进"共同利益"的清单——"医疗健康、移民、打击恐怖主义、毒品贩运和灾难应对",其中,医疗健康位于榜首。为了唤起古巴政府的共鸣,奥巴马还深切怀念了在 1881 年发现埃及伊蚊(Aedes Aegypti)是黄热病媒介的古巴医生卡洛斯·J. 芬利(Carlos J. Finlay)。正是卡洛斯·J. 芬利的工作启发了美国陆军军医沃尔特·里德(Walter Reed)。沃尔特·里德在 1900 年证实了卡洛斯·J. 芬利的发现。沃尔特·里德在古巴医生的研究基础上,开展了一系列医学和流行病学研究,解决了当时疟疾和黄热病的治疗问题,对于建设巴拿马运河(1881—1914)起了决定性作用。奥巴马总统还说,古巴已派出数百名卫生工作者前往非洲抗击埃博拉病毒,美国和古巴的卫生工作者应并肩工作,以制止这种致命疾病的传播。

2016 年 10 月,奥巴马总统发布行政命令,促使美国财政部海外资产控制办公室进行改革,颁发许可证,允许美国与古巴进行联合医学研究项目,同意在古巴开发的药物可以获得美国食品药品监督管理局批准。除此之外,美国人还能够提供给古巴人资金,资助其进行科学研究。

除医学领域,美国还与古巴共同进行其他自然科学和生物研究领域的合作。2015 年 11 月 18 日两国政府签署在保护和使用海洋保护区进行合作的协议。2017 年 5 月 17 日美国迈阿密大学拥有的"R/V F. G. 沃尔顿·史密斯"船起航,环游古巴群岛,船上有古巴和美国的专家。这次联合科学探索的目标是研究群岛周围深海珊瑚礁的扩展,历时 4 个多星期。这次探索在古巴是由古巴国家水族馆、海洋科学研究所、国家保护区中心发起的,所有这些机构都属于科学、技术和环境部,还有哈瓦那大学海洋研究中心、食品工业部渔业调控办公室和古巴地质企业家团体参与;在美国是由人们熟知的美国国家海洋和大气管理局(NOAA)、佛罗里达大西洋大学提出的"古巴的微光区珊瑚礁及其区域连通性"计划发起的。美国国家海洋和大气管理局决定在它的网页上不仅发表美国科学家的文章,也发表古巴科学家的文章。

美国与古巴具有不可逾越的意识形态分歧,美国对古巴科学家的惜才爱才也不可避免地带有美国人才掠夺的烙印。但是,这反过来证明了古巴生物技术方面的确取得了举世瞩目的成就,这些成就让高傲的美国刮目相看。

下篇

古巴与浙江

政府间交流与合作

　　浙江是鱼米之乡,人杰地灵。浙江籍外交官从晚清时期就已经踏足古巴,留下旷世佳作。除了本书上篇中提到的傅云龙,浙江杭州人夏偕复(1874—?)于1913年12月26日被袁世凯任命为驻美利坚合众国特任全权公使兼驻古巴特任全权公使。浙江吴兴人孙慕唐(1889—1967)也曾担任古巴领事。中华人民共和国成立后,孙慕唐成为省文联会员、杭州市政协委员,其画作流芳百世。

　　在当代,浙江是国家对外开放的门户和对外交往的前沿。"东南形胜,三吴都会,钱塘自古繁华。"浙江地处中国东部沿海,是西太平洋北方航线(东北亚航线)和南方航线(南洋西洋航线)的交会点。古巴则处于美洲和欧洲之间大西洋航线的枢纽位置。浙江与古巴面积相近,前者是"资源小省",后者是"资源小国"。古巴政府热忱地希望学习浙江在经济发展中的成功经验。浙江政府则担任着帮助浙江中小企业走向世界的重任。双向需求使得浙江与古巴在近年加强了交流和合作。

　　2017年5月14日,"一带一路"地方合作委员会(英文简称BRLC)由杭州市人民政府与中国人民对外友好协会在世界城市和地方政府联合组织框架内联合发起成立,秘书处设在杭州,进一步推动浙江地方政府和企业走向世界。2018年,浙江省通过《浙江省打造"一带一路"枢纽行动计划》,主动服务"一带一路"倡议。

20 世纪 60 年代 "革命的友谊"

中古建交之后,中古两国随即进入蜜月期。1959—1965 年间,中古两国共签订 2 个五年期的贸易协定,以及多个年度贸易协定,出口产品包括机床、陶瓷品、玻璃器皿等。当时,中央对出口产品的方针是"五先原则"——对出口商品实行安排在先,生产在先,原材料、燃料、动力和包装物料供应在先,收购在先,运输在先,旨在确保商品及时、高质量地生产并出口。在所有出口产品中,古巴被认为是我国最重要的战略伙伴之一,因此,对古巴的供货在数量上和质量上都必须优先考虑。

中国茶叶土产进出口公司、轻工业局曾联合下发《对古巴出口陶瓷品种规格事》[(61)艺王字第 38/01474 号],指出:

> 根据 1961 年 2 月 8 日,轻工业部、商业部、化工部、卫生部和对外贸易部五部联合通知,对古巴出口商品安排货源的三项原则,对古巴陶瓷出口,为了保证质量和扩大政治影响,对古巴出口陶瓷只交一、二级货,三级货交出口公司,不列入对古巴出口计划(按现行部门产区产品分五级,一至三级交出口)。①

中古贸易协定的执行需要各省区市的集体努力。而浙江作为轻工业制造大省,自然承担了不少任务。

1961 年,中华人民共和国对外贸易部和轻工业部下发《关于 1961 年对古巴出口玻璃器皿计划的通知》[(61)轻工轻硅字第 175 号函],指出:

---

① 浙江省档案馆,档案号 J125-027-164-047。

1961 年对古巴出口玻璃器皿为 70 万美元,其具体品种规格也已由古方提出。根据生产能力、产品质量、技术条件等情况,考虑到出口口岸,提出了有关各省、市的生产任务,请加以安排。该批订货必须于今年 11 月底以前分批交清。分季交货计划则请当地工贸双方共同研究确定,尽速报两部备案。

生产此项产品所需的原材料,请根据"五先"原则安排落实到厂。其中属于国家分配的物资,如煤炭、纯碱、硼砂、硝酸钠等,轻工业部业已在分配中予以充分照顾,应以保证。唯据部分地区反映,这些原料的分配指标尚未及时下达到厂,或有了指标拿不到货,影响生产进度,为此,请你厅(局)尽速向有关部门联系,切实解决。

由于此批订货中的平光玻璃杯要货数量较大,生产单位也较多,为保证质量的一致,以合乎古方的要求,两部责成中国轻工业进出口公司上海分公司、上海市轻工业局、江苏省轻工业厅制定技术条件和连同制成的标准样品,于 7 月 15 日前分有关地区工贸双方作为生产、验收的依据。①

之后,中华人民共和国对外贸易部和轻工业部下发《关于调整对古巴出口平光玻璃杯生产任务的通知》[(61)轻工轻硅字第 289 号],根据各地生产能力、技术条件对各省区市的产量进行了调整。调整后的任务如表 19:

---

① 　浙江省档案馆,档案号 J125-026-032。

表19 对古巴出口平光玻璃杯任务调整表

单位:打

地区	175号文下达数	此次调整确定数
全国总计	768000	768000
北京市	48000	38000
河北省	24000	24000
辽宁省	96000	50000
上海市	348000	374000
江苏省	132000	150000
浙江省	30000	20000
安徽省	30000	20000
广东省	360000	30000
湖南省	24000	24000
陕西省	—	28

数据来源:浙江省档案馆,档案号J125-027-178。

此外,在向古巴出口机床方面,浙江也做出了不小的贡献。1961年,中华人民共和国第一机械工业部下发《关于安排支援古巴机床配套用电机、电器、仪表及电工器材生产计划的通知》[(61)一机二字第525号],对支援古巴机床出口任务(合计768台:规格已定者38种692台,尚有76种规格未定)进行了分配,其中,杭州机床厂承担台钻Z512-1共50台、平面磨床M7130共2台。①

同年,中华人民共和国轻工业部颁布《关于上半年对古巴出口纸张供应安排的通知》[(61)轻工供字第24号],提出1961

① 浙江省档案馆,档案号J146-005-055-087。

年全年对古巴出口任务 18000 吨,上半年为 7800 吨。对古巴出口是一项重要的政治任务,各有关省市及生产厂家必须如期完成任务。浙江负责的是卷烟纸的生产和出口,由华丰厂生产。按照计划,1961 年上半年计划出口古巴 50 吨。[①]

浙江省革命委员会生产指挥组轻工业局《关于安排 1973 年第一季度对东欧古巴猪肉罐头生产的通知》[(72)浙轻一 248 号]对出口东欧和古巴的午餐肉罐头和原汁猪肉罐头的生产任务进行了分配:

> 根据省外贸公司转告,中国粮油食品进出口总公司要求我省 1973 年第一季度对东欧出口午餐肉罐头 500 吨,对古巴出口原汁猪肉罐头 200 吨。[②]（表 20）

表 20 浙江省 1973 年第一季度对东欧和古巴出口罐头食品的情况

名称	全省	杭州市	宁波	奉化	金华	温州	黄岩
对东欧午餐肉	500 吨	350 吨	150 吨				
对古巴原汁猪肉	200 吨			80 吨	80 吨	60 吨	80 吨

资料来源:浙江省档案馆,档案号 J111-020-052-093。

在 20 世纪六七十年代,中国自身经济也遇到困难,中国政府仍以最真诚的态度支援古巴的经济建设。浙江省政府积极响应中央的号召,组织地方国有企业,为古巴提供了力所能及的物资,为积极支持亚非拉国家争取和维护民族独立的外交方针贡献了自己的力量。

---

① 浙江省档案馆,档案号 J125-027-175-013。
② 浙江省档案馆,档案号 J111-020-052-093。

21 世纪地方外交

"思维全球化,行动地方化。"在全球化时代,中国地方部门在对外关系中的参与程度也达到了新的水平。"一带一路"倡议成为浙江推进新一轮对外开放、推动产业转型升级和贸易投资便利化的契机,同时也是浙江推动人文交流的重大举措。古巴政府、企业也欲借助"一带一路"建设的时机,走进中国富裕的省份进行调研和学习,寻求合作伙伴,推广投资项目。

(1)古巴使领馆官员积极参加在浙举办的活动,学习浙江经验

在中央政府的统筹安排下,浙江承担起越来越多、层级越来越高的全球性或国际性大型活动。2012 年第六届中国-拉美企业家高峰会在杭召开,古巴驻华大使出席。2019 年"游浙江、过大年"活动中,古巴使领馆的官员实地走访参观国际商贸城和义乌城市规划馆,近距离了解义乌。

(2)浙江省政府代表团多次出访古巴,为两地经贸、文化合作搭桥

1996 年,经我国驻古巴大使馆牵线搭桥,并应古巴全国政权代表大会外事局邀请,时任浙江省委常委、秘书长吕祖善率省友好代表团访问古巴,和时任马坦萨斯省政权代表大会副主席蓬斯进行会谈,并签署了两省建立友好交流关系意向书。在2000 年浙江省和马坦萨斯省建立友好关系的协议书签订之前,浙江省政府与古巴政府还进行了几次接触,推动了友好城市协议的最终签署。1998 年,古巴总工会主席一行访问浙江,时任浙江省委书记张德江会见来访者。1999 年,古共政治局委员、古巴全国人民政权代表大会常务委员会副主席马查多访问浙江,时任浙江省委书记张德江会见来访者一行。2000 年,应古

巴全国人民政权代表大会外事委员会邀请,时任省委副书记周
国富率浙江省友好代表团访问古巴。10 月,马坦萨省省长拉米
雷斯访问了中国。在北京期间,拉米雷斯省长参加了全国友城
成果展览,并和时任副省长王永明正式签署了浙江省和马坦萨
斯省正式建立友好关系的协议书。

从此之后,在友城的框架下,浙江与古巴交流频繁,特别是在
工会工作中,浙江省总工会接待多个古巴工会代表团,如古巴国
务委员会委员、古巴中央委员、古巴工人中央工会总书记乌利塞
斯·吉拉特率领的古巴工人中央工会代表团(2015 年 4 月),古
巴工人中央工会全国委员会委员、谢戈德阿维拉省总工会总书记
贝尔萨·托雷斯率领的古巴工人中央工会代表团(2016 年 5
月),马坦萨斯省总工会总书记伊斯达利斯·罗德里格斯率领的
古巴工人中央工会代表团(2018 年 8 月),等等。双方就社会主
义国家的工人权利和福利维护等问题进行了深入交流。

同时,浙江省政府领导还带领浙江企业家奔赴古巴,进行
实地考察,将浙江企业推介给古巴政府(见表 21)。

表 21 2010 年以来浙江省政府代表团访问古巴不完全统计

时间	互访以及签订协议
2010 年	浙江省贸促会副会长带领经贸代表团访问秘鲁、哥伦比亚、古巴三国
2010 年	浙江省贸促会会长率由浙江中大集团国际贸易有限公司、杭州萧山区政府等单位负责人组成的浙江经贸代表团赴美国、墨西哥和古巴访问
2012 年	杭州市人大常委会主任访问美国、牙买加、古巴,考察世界文化遗产——哈瓦那老城的保护情况,听取古巴文化部世界遗产委员会主席玛利亚·卡拉佐女士对老城历史街区、历史建筑保护情况的介绍,并就如何加强文化遗产保护进行了深入探讨

时间	互访以及签订协议
2012 年	省委副秘书长、办公厅主任与省贸促会副会长带领省政府代表团,访问墨西哥、古巴、加拿大三国
2013 年	杭州市委副书记、代市长出访古巴,与古巴国家文化遗产委员会签订《杭州市与古巴国家文化遗产委员会合作意向书》
2014 年	省委副书记率浙江省代表团对厄瓜多尔、古巴进行友好访问,出席浙江省与马坦萨斯省企业投资贸易洽谈会,与马坦萨斯省人民政权代表大会副主席米蕾蒂·德尼斯举行会谈,举办“马省浙江中医周”活动等
2017 年	浙江省总工会党组副书记、副主席、巡视员率团访问古巴
2018 年	浙江省贸促会会长率团访问古巴,与古巴国家商会签署合作协议,举办中国浙江-古巴贸易投资洽谈会、浙江-古巴坦萨斯经贸交流会
2018 年	省侨商会副会长、宁波市侨商会会长率团赴墨西哥、古巴、美国开展考察访问及招商推介活动
2019 年	浙江省常务副省长率浙江省代表团访问古巴

数据来源:根据公开资料整理。

人文交流

　　"国之交在于民相亲,民相亲在于心相通。"人文交流是不同国家的人民之间沟通情感和心灵的桥梁,是国与国加深理解与信任的纽带。人员交流、思想交流和文化交流能让世界各国人民理解中国的政治制度、发展道路、传统文化以及外交政策理念,也让中国人民能够切身地感受相互间思想文化的激荡碰撞。浙江人走向世界,融入全球,外国人来到浙江,了解浙江,每个人都是传播友谊的使者,为文明互鉴和融合贡献自己的力量。

《之江新语》古巴落地版在哈瓦那发行

　　在经济和文化全球化过程中,出版作为一种兼具经济和文化双重特性的文化产业也成为全球范围内经济活动和文化传播的重要组成部分。作为中国文化"走出去"战略的有机组成部分,中国出版"走出去"承担着中国文化"走出去"的重任。

　　浙江的出版社"走出去"的过程中,有一个得天独厚的先决条件。习近平总书记在浙江工作期间,留下了诸多珍贵手稿。在浙江,习近平同志提出了"八八战略"的重大部署,实施了平安浙江、法治浙江、文化大省、生态省建设等一系列重大举措。可以说,浙江是习近平新时代中国特色社会主义思想在省域层面探索的重要实践地。之后,习近平将他在省域层面的实践探索成果上升到国家层面,逐渐形成了成熟的理论创新。

　　古巴与浙江面积相仿,对古巴政府来说,浙江治理经验比中国整个国家的治理经验更实用,更有针对性。目前,古巴正处于社会主义的更新阶段,古巴人急迫地想学习浙江的发展路径,希望从中国走过的道路中看到 40 年后古巴的模样。2018年的哈瓦那国际书展成为这一愿望成真的舞台。

　　2018 年,中国作为主宾国参加第二十七届哈瓦那国际书展。中国 60 余家出版单位的近 130 位代表带去了 7000 多册西、英、汉语版的中国精品图书。阿来、李敬泽、刘震云等 11 名优秀的中国作家还举办多场文学交流活动,把中国文学带到了古巴。在书展上,浙江的出版社与古巴出版社进行了初步洽谈,一拍即合。"我们有资源,他们有兴趣。"浙江出版联合集团与古巴新千禧出版社签署合作翻译出版《之江新语》的备忘录,与哈瓦那大学签署了以共同推进汉语学习图书编写出版、中国文化图书的翻译等为主要内容的合作框架协议。此外,作为书展的配套活动,浙江出版联合集团还与古巴哈瓦那大学孔子学院共同举办了"中国与拉丁美洲现代艺术沙龙"活动。浙江人民美术出版社社长胡小罕与到场的古巴艺术家们一起探讨了拉美现代绘画与中国现代民间绘画的同构性话题,进一步激发古巴人民对中国文化的兴趣。活动之后,浙江出版联合集团与古巴哈瓦那大学签署全面战略合作框架协议。双方将在促进两国文明互鉴中进行深入合作,如重点开发汉语教育图书和中国文化类图书的西语出版,引进更多中国改革发展成果的学术著作;向哈瓦那大学图书馆和孔子学院赠送 500 册浙版图书;利用浙江在数字出版和网络移动阅读方面的优势,帮助哈瓦那大学图书馆和孔子学院建设中文数字图书馆。同时,引进该校出版的介绍古巴经济文化的图书在中国出版。

　　浙江出版联合集团与古巴出版业合作的案例充分体现了

"深耕细作"的理念。浙江出版联合集团的工作人员回国之后，立即成立专门负责与古巴对接的小组，趁热打铁，着手落实在书展上签署的协议。在 2018 年时，《之江新语》西文版已经由外文出版社翻译并出版。为了能够更加符合古巴西班牙语的特征，符合古巴人民的阅读习惯，突出中国经验中能够为古巴人民所用的内容，浙江人民出版社的编辑和外文出版社负责翻译的同志再次飞往哈瓦那，与古巴千禧出版社编辑部的编审一起，一字一句地筛选内容、打磨语句，重新打造了一本符合古巴人民需要的《之江新语》。

经过多个日夜的奋战，2019 年 6 月 17 日，《之江新语》西文古巴版 *De Zhejiang, China：Una Nueva Visión Sobre El Desarrollo* 终于定稿出版。按照拉美学界的传统，3 家出版社联合在哈瓦那举行了首发式，还举行了一场盛大的中古治国理政研讨会。中共中央宣传部部务会成员、中共中央纪委国家监委驻中央宣传部纪检监察组组长贾育林，古巴文化部副部长哈科米诺在研讨会上致辞。

有了第一本书的成功经验，由中国社会科学院与中共浙江省委合作组织编写出版的《中国梦与浙江实践》西语版也即将在古巴出版发行。浙江出版联合集团欲借助古巴出版社在拉美的成熟网络和良好声誉，共同开拓南美图书市场，推动博库书城网络书店海外落地、中文图书出口物流基地建设等，助力绘好浙江文化"走出去"下一阶段的宏伟蓝图。

以浙江出版联合集团为代表的中国出版机构正在逐步加快中国文化"走出去"的步伐。在推动中国文化"走出去"的征途中，浙江又一次走在了前列。浙江出版联合集团不断与各国出版机构合作，并创新合作方式，在着力开拓欧美国家发达图书市场的同时，探索新兴图书市场，如东欧、西亚、非洲、南美等，全方位、多渠道地向国际社会展示当代中国，传播中国文化。浙江出版联合集团以及下属浙江省新华书店集团、浙江教育出版社、浙江少儿出版社、浙江华硕国际贸易有限责任公司等企业被商务部、原新闻出版总署等四部委认定为 2011—2012 年全国重点文化出口企业。东方书局、非洲合作出版等 6 个项目列入全国重点文化出口项目，占全国重点文化出口项目的 6％。① 现在，浙江出版联合集团在古巴挖出一个富矿，让古巴成为中国出版业进入拉美大市场的跳板，多方位立体推进浙江出版"走出去"，把中国故事讲给全世界听，把中国先进的价值观和新理念传播到世界各地，推动各国民心相通。

浙江学生在古巴：感受古巴人民的热情

卡斯特罗感激中国政府和人民对古巴一直以来的帮助。2005 年，卡斯特罗在得知中拉关系跨越式发展，急需西班牙语人才之后，立即提出帮助中国培养西班牙语人才的愿望。古巴政府除了和中国签有"奖学金互换"项目(古巴政府每年提供中国西班牙语专业的大学生前往古巴交换一年的机会，每年资助 100 名左右。而中国政府则向古巴提供 100 个资助古巴学生来华学习的名额)，2006 年到 2016 年，古巴政府还单方面向中国提供政府奖学金，支持中国中西部地区部分省份符合条件的高中毕业生赴古巴留学，为中国培养了共 3417 名西班牙语的专业人才，创下了我国公费赴西班牙语国家留学生的纪录。②

笔者就是中古留学生互换项目的受益者。笔者于 2005 年毕业于杭州高级中学，高中毕业之后，被保送到北京语言大学

---

① 童健：《努力探索创新出版集团"走出去"之路——浙江出版联合集团纪实》，《出版广角》2012 年第 9 期，第 33—35 页。
② 赵荣宪、杨锡军：《卡斯特罗时代》，外文出版社 2018 年版，第 167 页。

西班牙语专业。2007 年通过国家留学基金委员会的本科生留学项目遴选，于 2007 年 10 月至 2008 年 6 月前往古巴哈瓦那大学留学。

第一次直接感受到美国对古巴的制裁是在飞往古巴的飞机上。我们一行几十个学生搭乘加拿大航空公司班机，在多伦多转机之后，前往古巴。在多伦多飞往哈瓦那的飞机上，我边上坐着一个年过半百的古巴大叔。他告诉我，他在迈阿密生活，但是由于美国没有直达古巴的普通民用航班①，他只能先从美国飞加拿大，再从加拿大飞古巴（加拿大虽然是美国的盟友，但是在古巴问题上，加拿大一直致力于调解美古关系）。由于机票昂贵，加上美国政府对古巴人回国省亲的种种限制，这次是他 20 年以来第一次回故乡。说着说着，他的眼眶就湿润了。飞机落地之后，他早早地整理好行李，等在机舱最前端，迫不及待地想回到故乡亲人身边。

哈瓦那大学将我们中国学生统一安排在克希马尔（Cogimar）校区，与哈瓦那老城仅一个隧道之隔，是泛美运动会留下的运动员村。我们一共 80 余人，分别来自北京大学、北京外国语大学、北京语言大学、上海外国语大学、广东外语外贸大学等。留学 8 个月，分成 3 个学期。10 月到 12 月圣诞节之前是第一模块，圣诞节到 1 月 10 日是寒假。1 月 10 日到 3 月是第二模块，3 月到 5 月是毕业论文创作阶段。古巴政府专门从各省各地选调了老师，作为我们的班主任，与我们同住同吃，负责我们的日常生活、活动安排等，同时负责一部分西班牙语基础必修课程的教学。古巴大学给我们安排的必修课包括综合西班牙、西班牙语写作等。班主任非常认真负责。他们与我们

---

① 2015 年美古复交之后才有美古直飞航班。

朝夕相处,进行全天候辅导。老师们说,卡斯特罗叮嘱他们,一个都不能少,确保每个学生都要在古巴学有所成。因此,每天晚上,班主任老师都会坐在教室里,等着我们去与他们交流,提高我们的口语水平。遇到羞涩的中国学生,他们会主动地帮我们辅导功课。如果谁偷懒没有去上课,他们就会去寝室把缺课的学生一个个抓出来。

除了必修课,哈瓦那大学还为我们开设了丰富多彩的选修课。有拉美文学、拉美历史、美古关系等课程,由哈瓦那大学的教授授课。当学校得知我们对古巴文化和艺术感兴趣时,还专门开设了针对中国留学生的文化类课程,如拉丁舞、艺术创作等。

我选修了美古关系课程。虽然古巴网络不通,似乎与世隔绝,但是古巴人对美国制度和事件却非常了解。他们对资本主义和帝国主义的"仇恨"已经融入血液,而对于近年来发展迅速的社会主义国家中国抱有天然的憧憬和向往。

在古巴的一年,我深切体会到古巴社会主义制度的优越性。在学校食堂吃饭、住宿都是免费的,甚至在学校的理发店理发也是免费的。学校每个月还给我们留学生发一些生活用品,有肥皂、牙膏、卫生纸等。每周六学校还给我们安排免费的参观活动,安排大巴接送我们前往哈瓦那市区游玩。每个月学校还安排一次大旅行,前往古巴其他省市。学校时常会组织我们去观看芭蕾舞、话剧表演等。在古巴,艺术是一种平民文化活动。得益于卡斯特罗的"让艺术走近大众"的政策,不论是古巴国家芭蕾舞团的表演,还是大学生甚至是中小学生的表演,门票都很便宜。但是古巴人民会盛装出席,这是对表演者的尊重,是对表演者无形的鼓励。

与中国相比,古巴的物质条件的确差了不少,但是在古巴的一年,我们并未有任何艰辛之感。这一切都要感激卡斯特罗。在卡斯特罗的亲自督办下,古巴政府把最好的条件都给了中国留学生。学校在所有的教室、宿舍和食堂里都安装上了空调,而普通古巴老百姓家并没有条件使用空调。学校还给我们的宿舍都通上了网络,让我们可以随时与家人联系。学校带我们出游的大巴是舒适的宇通客车,这在古巴也是最高的配置,古巴本国人乘坐的公交车都还是 20 世纪 70 年代从苏联进口的公交车。每顿饭我们都可以吃到肉、蔬菜和水果。每天晚上自习结束,还有夜宵可以领取,有时候还会给我们发苹果。要知道,古巴是热带国家,而苹果是温带水果,古巴所有的苹果都依靠进口,非常昂贵。古巴本地人民还用粮票,每月只能用粮票买到很有限的肉类和食品。我们的班主任老师因为自己能参与这个两国之间的友好项目而感到自豪,在交谈中无不透出对中国的热爱和向往。在回国之前,我们把自己从中国带来的衣服、日用品等都留在了古巴,送给老师、项目行政人员和曾经帮助过我们的古巴人民,感激他们一年来对我们的付出和关爱。虽然这些都是二手的东西,但是对于物资短缺的古巴人民来说,却非常实用。他们十分感激我们。在我回国之后,古巴朋友还会在邮件中提到我送给他的几瓶风油精和几件衣服。

　　每当有人向我问及古巴,我都会说,古巴是值得一去的国家,因为在古巴,我们可以看到另一种人生观和生活态度。正如中国驻古巴前大使陈久长的总结,古巴是一个"政治严格但社会氛围宽松的国家"。我们所在的校区每天晚上都有热闹的聚会。古巴人民可以没有网络,但是不能没有舞蹈和聚会。古巴人在广场上跳舞,欢声笑语,好不快乐。每个人都是天生的舞蹈家。他们也盛情地邀请我们,但是时常被我们这些"好学"而"羞涩"的中国学生拒绝。或许这一场景只有在我们 20 世纪

80 年代的夏天可以看到。那时候,人们都在门外纳凉,天南地北侃大山,也是这般热闹的场景。走在大街上,偶遇的古巴人会停下来和中国人聊一上午,或者邀请你去家里做客,完全不设任何防备之心。古巴人乐观、洒脱、热爱自然、热爱生活,每个人脸上都洋溢着真诚的笑容,他们的热情能够感染任何一位到达古巴的外国人,被他们唤起心中沉睡了很久、只有童年时代才有过的纯真。他们的幸福感无关物质,无关金钱,无关阶级。这也是他们为世界人民提供的一碗心灵鸡汤。

笔者在毕业之后,进入浙江外国语学院拉美研究所工作。古巴成为我研究的国家之一。在与古巴学者的接触过程中,我总是对他们抱有特别的感情。我的很多同学在前往古巴进行进修之后,目前活跃在外事、外交、教育、外贸等岗位上。中古教育交流项目如春风化雨,润物无声地改变了一代青年学子的人生轨迹,潜移默化地对两国间友谊的延续打下坚实的基础。

古巴设计师在杭州:学习中国人民的勤劳和奋斗

随着中国国际地位的不断提高,越来越多的外国人前来寻找发展前景。杭州市政府高度重视外国人才在杭州的发展与融合问题,在工作许可、教育保障、医疗支持、商业保险、生活服务、住房政策等 6 个方面,为在杭外国高端人才提供便利的生活服务。

今年 42 岁的古巴人安德烈斯·莱耶斯(Andres Reyes)目前在杭州的一家动画设计公司工作。他给自己取了一个有名的中文名——安南。他是黑人与印第安人的混血儿,和联合国前秘书长科菲·安南有着一样的肤色,而更重要的是,他与所有的古巴人一样,有一颗热爱世界和平的心和一股向善的力量。

　　来中国之前,安南毕业于哈瓦那大学的工业设计研究所,专业是动画设计。毕业之后,他于2006年到2014年在古巴广播和电视总局工作。在工作之余,出于兴趣与对中华文化的爱好,安南在哈瓦那华人街的"中国艺术和传统之家"学习中文。老师是古巴人。那时,古巴还没有建孔子学院。但是民间已经有许多懂中文的古巴人以及华侨开设的中文学习班。2007年,安南有机会学习哈瓦那大学外语学院开设的中文课程。2009年,断断续续学习了4年中文的安南通过了大使馆的面试,得到国家汉办的资助,来到湖南长沙,参加汉语桥比赛。"这是我一生中美好的时刻。"安南每次回忆起他的第一次中国之旅,都会激动不已。这次中国之旅坚定了安南继续学习中文和中国文化的决心。

　　安南回到古巴后,正值北京语言大学与哈瓦那孔子学院联合举办的孔子学院成立。安南马上决定继续在孔子学院学习中文。对许多西方人来说最难的是汉字的书写,对于安南来说却不那么困难,因为在外国人看来,我们的汉字就和画画一样。而安南身为一名动画设计师,对图像天生敏感。孔子学院的课程不只有语言课,还有很多文化课程。安南就像海绵一样,只要是中国元素的文化课程,他就积极参与。他参加中文合唱,表演武术,成为孔子学院最出色的学生之一。孔子学院还聘请他为孔子学院设计宣传画,他的设计专业素质和艺术天赋让在哈瓦那孔子学院工作的中文老师惊叹不已。

　　2014年,安南再次申请到我国国家汉办的奖学金。他毅然辞去了古巴的"铁饭碗"工作,来到北京语言大学进修中文。2017年,北京语言大学的课程结束之后,安南决定南下,来到杭州。因为他听说,杭州是动漫之都。他可能可以在杭州发挥自己的设计才能,找到施展才华的地方。他先在浙江外国语学院学习一年中文,熟悉、了解杭州这个城市。他杰出的设计才能再一次让他在浙江外国语学院国际学院学习的所有留学生中脱颖而出。他帮忙设计了学校举办的很多大型活动的海报。

结业之后,安南顺利地在杭州一家家具公司做设计兼海外出口销售。一年之后,他被一家动画公司看中,被聘请到该公司从事动画设计。

工作之后,安南更能体会到不同文化带来的冲击。学习了多年中文的安南对以礼乐文明为中心的儒家文化已经非常了解。他待人接物彬彬有礼,努力学习中国人的行为处事方式。安南明白,自己想在中国企业有出色表现,就必须深谙中国人的价值观念。中国同事们非常包容安南。当安南不能理解中文背后的隐喻时,他的中国朋友会坦诚地向他解释语句背后的含义。"我们之间存在着巨大的文化差异,但同时我们也在努力缩短彼此的距离。"

中国是一个飞速发展的国家。杭州在短短的几年内,变化天翻地覆。安南说,有时候就回国几天,回杭州就能发现大街上有了变化。中国日新月异的变化是建立在中国人的奋斗基础之上的。中国人工作节奏快,工作压力大。而拉美人则以"幸福生活"为生活准则,尤其是古巴人,生活节奏很慢。古巴从20世纪80年代到现在,40年间街头建筑基本没有任何变化。安南身上洋溢着拉美人典型的热爱生活、享受当下的气息。一开始,他只在上班时间工作,下班时间一到,他就马上回家,周末会去打篮球或是听话剧、看展览,尽情地放松。但慢慢地他就发现,身边的同事几乎没有一个人是准点下班的。他试图在周末约同事们去爬山、逛西湖也屡屡受挫。他的"懒散"让他成为中国人眼中的"外星人"。安南也开始和身边的同事一起加班。一开始这样高强度的工作带给安南很大的压力。但是安南逐渐适应了中国节奏和中国人对工作精益求精的态度。安南说,事实上,"二战"后,50年代的欧洲人和美国人也是全身心投入到战后重建过程中。古巴革命胜利之后的几年,上一辈的古巴人也是风风火火地加班加点投入生产。当一个国家处于高速发展阶段,到处是机会,带给人民的是工作的充实感和成就感。他希望自己能和中国人一样努力、勤奋,抓住中国发展的机遇期,学习更多中国在动画制作中的先进技术,创作出更精美的"代表作"。或许在未来,当古巴政府继续开放私有市场,他会回到古巴创业,发挥古巴年轻人的创造力,并把在中国学到的动画科技传授给古巴年轻人,带领古巴动画产业的发展。

不论工作日工作有多辛苦,安南都无法割舍他的两大爱好——跳舞和武术。拉美的舞蹈和中国的武术在安南身上融为一体。拉丁舞是他思乡的载体,而武术成为他融入中国社会的桥梁。周末,安南在一家舞蹈工作室教跳拉丁舞。这不仅能给他带来一些收入,更重要的是可以借此释放工作压力,并把拉美奔放的文化传递给中国人。有时,安南还会去家附近的公园看老人打太极,向老人们讨教武术招数。安南说,中国年轻人生活节奏快,但是老年人怡然自得,就像他自己的父亲母亲,有时间与他唠唠家常,帮他缓解独在异乡的寂寞。安南在西湖边六公园认识了安孝铁教练,还与他一起参加了2019年杭州市武术协会组织召开的传统武术邀请赛。武术让安南认识了更多的朋友,让他身在异乡不再孤独。

安南去过北京、长沙、南京、上海等地,但最终决定留在杭州,因为杭州的气候与古巴相仿,而且绿化覆盖率高,与他的故乡——哈瓦那非常相似。因此,杭州对于安南来说,是最像家的城市。"也许是因为天气热的缘故,杭州人很热情。"安南说。

对于拉美人来说,融入东方社会不是一件易事。因此,当地人的帮助对于他们的生活至关重要。得益于很多热心人的帮助,安南在办理工作签证、衣食住行方面并没有遇到很大的困难。每年春节,安南都会回古巴,把自己在杭州的经历与在古巴的家人分享。每次他回古巴,他家的左邻右舍都会赶来听安南口中的中国故事。他们对中国的一切都感到非常好奇。

安南是一名文化传播使者。他让远在西半球的古巴感受到中国的文化,也把古巴的历史和文化传播到从未抵达西半球的杭州人的生活中。安南的一位同事说,因为安南加入了他的团队,激发了他了解古巴的兴趣。现在,他每次看到关于古巴的新闻都会仔细阅读,变成了一个"古巴通"。他计划在假期去古巴旅游,深入体验这位快乐的古巴人的文化。国之交在于民相亲,民相亲在于心相通。一份工作,带来的是两国人民的相互了解,这就是人文交流的强大之处。

经贸合作

浙江作为东部沿海地区民营经济发达的省份,拥有经济先发优势、高外向度、优质产能、充裕民资、深水良港、跨境电商和浙商人才等诸多优势资源。浙商拥有充裕的民间资本、灵活的投融资机制和国际化经营经验。古巴则拥有得天独厚的优势——地缘战略位置,拥有对知识社会来说至关重要的技术娴熟的劳动力,中古政府和人民之间拥有坚固的友谊。然而,与世界其他地区相比,浙江与古巴的贸易额却不大。其原因主要有三点:

首先,古巴政府对国外出口商的资质设置了一定的门槛。在与古巴公司进行具体贸易洽谈并签订合同之前,外国公司必须提供相应文件,例如银行担保函、公司章程以及与其对古巴市场特性和兴趣有关的其他文件。上述文件经过双方国家烦琐的法律公证、认证程序,在古巴商会进行注册之后,该外国公司方能进入古巴公司的供货商名录,才能成为古巴公司潜在的贸易伙伴。这无疑让很多中国外贸公司望而却步。

其次,由于古巴实行的是社会主义体制,目前尚实施政府配给制度,古巴进口是根据集中的预算和投资计划进行的,从事进出口的是政府部委下属的一些国有企业。在 20 世纪 90 年代,近 500 家古巴国有企业获得进口资质,但是,自 2000 年以来,古巴政府对进出口资质进行了审查,根据最新的数据,只有 100 家古巴国有企业拥有进口资质。① 浙江被誉为"中国电商之都",大部分中小企业通过网络寻找国外客户,而受到美国封锁,古巴网络建设非常落后,因此,这种模式在对古巴贸易中是不能奏效的。

再次,由于古巴经济困难,部分公司的支付能力较差,希望中国公司能够给予远期付款的优惠。这一点对于浙江的中小企业来说,在资金链上是难以满足的。与古巴有密切贸易往来的企业往往是一些总部位于北京、享有各种政策优惠的大型中央企业,如北方车辆有限公司、中航国际公司等。浙江东方集团于 2013 年曾经接待过古巴世界商贸公司(Almacenes Universales S. A.)在中国办事处的几位代表,欲就窗帘采购达成意向。但是最后在价格和付款条件上无法达成一致,没有成功。②

尽管与古巴贸易存在种种障碍,但是浙江企业家凭着逢山开路、遇水架桥的闯劲,滴水穿石、绳锯木断的韧劲,锲而不舍、百折不挠的干劲,还是摸索出了很多开拓古巴市场、与古巴政府合作的经验,其中不乏成功案例。总结起来有以下 4 种模式:

(1)援外培训。中国政府对古巴有多个援外项目。积极参与中古援助项目,是赢得古巴政府和企业好感,促进中古双方深入了解最直接的渠道。

(2)通过成为与古巴签订工程合作或货物进出口合同的国内企业的供应商,将产品和技术出口到古巴。

---

① *Oficina Económica y Comercialde España en La Habana*,Cuba:Informe Económico y Comercial,marzo 2019,p. 7.

② 基于对浙江东方集团茂业进出口有限公司员工王屹的访谈,访谈时间:2019 年 3 月。

（3）参与古巴政府的招标。古巴实行高度集中的计划经济体制,政府对进出口事务拥有最终的决定权,因此,了解古巴中央政府各部门和地方政府关注的焦点和需求是不可或缺的一步。浙江企业在古巴建立积极和谐的公共关系,获取及时的招投标信息。政府招投标成为浙江企业获得古巴政府订单最大的渠道。浙江正泰仪器仪表有限责任公司曾中标古巴电力改造项目,中标数量为30.8万台,价值金额达1000多万元。浙江美科斯叉车有限公司成功签订古巴国防部90台叉车订单,总销售金额达1300万人民币。

（4）积极参加哈瓦那国际博览会。哈瓦那国际博览会自1983年起开始举办,每年举行一届,规模不断扩大,目前是拉美及加勒比地区最重要的产品交易会之一。古巴政府每年在哈瓦那国际博览会上发布新版《外国投资项目目录》,许多浙江企业通过参加哈瓦那国际博览会接触了古巴负责进出口贸易和投资的官员和国有企业,提升了古巴客户对企业的信心,还进一步获得了古巴政府未来发展规划的第一手资料。

不论浙商通过哪种渠道进入古巴,在本节中接受作者访谈的浙商都有一个共同的特点,就是他们都带着理想和情怀来到古巴。他们没有急功近利的心态。他们与以前来到古巴的中国人一样,积极融入当地社会,扎根于古巴。或许加勒比的海风能够吹走焦虑,让人沉淀下初心,或许古巴社会主义体制的稳定性能够让人安心,或许节奏缓慢的古巴能够让人学会耐心。

浙江小水电助力古巴新能源政策

联合国于1981年11月与中国政府签订项目文件,在杭州建立亚太地区小水电研究培训中心,旨在通过小水电培训、咨询、科研和信息交流来促进小水电这一清洁的可再生能源在全球的发展。目前,大多数发展中国家小水电建设刚刚起步,缺乏国家标准,很多只能套用大水电标准,很不经济。我国小水电建设历经 60 多年,积累了丰富的经验,形成了较为完整的小水电标准体系,在推广小水电适用技术、降低成本方面具有独特优势,广受发展中国家欢迎。

"亚太地区小水电研究培训中心"成立 30 多年来,受中国水利部、商务部、科技部、联合国开发计划署、联合国工业发展组织、国际劳工组织、粮农组织等政府部门或国际机构的委托,迄今已成功举办了多次国际会议和 41 期国际培训班,来自近 80 个国家的大约 739 位学员参加了培训。

举办国际小水电技术培训班,一方面能够向发展中国家的技术专家传授中国小水电经验,帮助发展中国家提高建设小水电的能力,促进小水电建设技术在全球的发展。另一方面,通过小水电技术和经验交流,能够推动世界各国对中国小水电技术的了解,促进中国小水电技术和设备的输出,带动国内小水电企业走出国门,推动中国小水电标准国际化。"亚太地区小水电研究培训中心"与古巴的合作就遵循这一路径——援外项目带动出口。

2005 年,中国政府援建古巴项目——古巴科罗赫和莫阿(COROJO 和 MOA)电站(装机容量均为 $2\times1000kW$)机电的设计和供货工作。亚太小水电研究中心承担了这 2 个水电站的安装工作。为了使古方在电站投运后能熟练地运行、维护上述 2 个电站,按照援外合同,亚太小水电研究中心对古方电站运行人员进行为期近 40 天的电站运行培训。本次培训,古方共派遣了 5 名学员。亚太小水电研究中心分别从基础理论、电站设计图纸讲解、现场实习和类似电站参观访问等方面对古巴学员进行培训。通过培训,古方学员基本上掌握了有关知识,为今后电站成功运行、维护打下了基础,同时也增进了相互了解,促进了双方友谊。① 2006 年底,亚太研究院派技术专家赴古巴执行援外水电项目 MOA 及 CROJO 电站设备安装调试的技术指导工作。

随后,2008 年 5 月 15 日至 6 月 23 日,在中国政府委托亚太地区小水电研究培训中心举办的"国际小水电技术培训班"上,古巴政府也派出工程师参加,对亚太地区小水电研究培训中心有了进一步的了解。

援外培训让古巴了解了中国的小水电技术。这让亚太地区小水电研究培训中心下属的杭州亚太水电设备成套技术有限公司在古巴玛雅里(Mayari)大坝左右岸水电项目上占得先机。该项目由中航国际航空发展有限公司通过在古巴的优势渠道地位获得,分包一部分机电设备给杭州亚太水电设备成套技术有限公司,整个项目规模为"2×1200kW＋1×400kW＋1×1150kW",分大坝左岸和大坝右岸 2 部分。

2014 年 6 月 1 日至 15 日,古巴能源进口公司总经理一行 7 人访问杭州亚太水电设备成套技术有限公司,双方就正执行的古巴玛雅里水电站项目的技术方案进行探讨确认,客户在杭州亚太水电设备成套技术有限公司的安排下还参观了该电站机电设备生产厂家。2015 年 1 月,杭州亚太水电设备成套技术有限公司接待古巴代表一行 2 人,与中航国际公司的项目管理人员一起,前往位于桐庐和萧山的设备厂商,进行设备和工厂的检验,检验了左岸水轮机的生产情况以及工厂的质量体系认证

---

① 　根据亚太小水电研究院网站整理,http://www.hrcshp.org/cn/ONEWS.asp? id＝251。

证书等。

2016 年,杭州亚太水电设备成套技术有限公司完成了大坝右岸 3 台机组的生产,并将设备出口至古巴项目所在地。安装和调试由古巴的 Holguín 的 9 号工业工程建筑公司(Empresa Constructora de Obras Industriales número 9)负责,而杭州亚太水电设备成套技术有限公司和中航国际航空发展有限公司则派共同出专家一起参与技术设备的调试。在古巴和中国工程师的共同努力下,不到一年的工作时间就完成了设备的安装和调试。在成功完成设备技术调整后,水电站开始发电,并向古巴全国配电系统提供超过 500 兆瓦/小时的电力。[①]

然而,中国技术"走出去"的过程并不是一帆风顺的。每个国家都有其特点。古巴的气候特点是炎热、潮湿。杭州亚太水电设备成套技术有限公司未充分考虑项目所在地的气候及洞室内通风问题,机组部件出现腐蚀现象,运行一年后皆出现问题,后续经过中航国际航空发展有限公司的协调,目前仅能维持一台机组的运转。大坝左岸的设备则因为古巴方面土建工作进展缓慢,至今还没有进行安装调试工作。

该项目作为浙江小水电进入古巴市场的先行者,为欲进入古巴的浙商企业提供了正面和负面的经验:必须充分考虑到古巴独特的气候因素。若产品耐腐蚀程度不高,很容易出现质量问题。而古巴政府因为外汇短缺,秉持着"每一分钱都要花在刀刃上"的原则,在质量问题上非常严格和苛刻。目前双方仍在进行协调,对项目进行必要的质量改造。

浙商企业参与的古巴第二个水电站项目是古巴阿拉克兰

---

① Pequeña Hidroeléctrica de Mayarí: Nuevo Paso en el Uso de Fuentes Renovables,http://www. trabajadores. cu/20161111/pequena-hidroelectrica-de-mayari/.

水电站项目,该项目也是由中航国际航空发展有限公司总包,分包给位于金华的浙江金轮机电实业有限公司。

　　创建于 1996 年的浙江金轮机电实业有限公司,是中国机械工业重点企业、联合国国际小水电中心水电设备制造基地,列中国小水电设备十大制造企业排行榜第一。浙江金轮机电实业有限公司在印度尼西亚、巴西、越南均有项目,有重组的热带国家建设小水电项目的经验。为了更好地了解浙江金轮机电实业有限公司,古方已多批次到金华进行实地考察。该项目也使得浙江金轮机电实业有限公司成功进入其海外第 53 个国家市场。目前水电站设备已全部生产完毕,古方客户已验货完成,等待发运。[1]

吉利汽车驶入古巴

　　古巴是一个流动的"老爷车博物馆":19 世纪五六十年代出产的名车——斯蒂庞克、普利茅斯、道奇等,至今仍奔跑在古巴的大街上,每天上演着"速度与激情"。然而,古巴政府要振兴旅游业,就必须更新交通工具。这一契机被敏锐的浙商看到。吉利汽车经过近 8 年的探索、深耕,从 2013 年至今,每年占据古巴政府全年汽车采购总量的 50% 以上,连续保持市场占有率第一。目前在古巴共有 10000 辆左右吉利品牌的汽车。

　　2003 年 8 月吉利第一辆车出口海外市场,这也是中国本土的民营汽车产品第一次走出国门,自那时起吉利十几年来一直在推进其海外战略。自 2008 年以来,吉利汽车采取了加大出口、抢占国际市场的战略规划。

---

　　[1]　基于对中航国际航空发展有限公司张春生先生的访谈,访谈时间:2019 年 8 月 25 日。

吉利汽车深刻理解古巴计划经济的体制。要打入古巴市场,必然需要与古巴政府合作。因此,吉利汽车深耕政府公共关系,积极向政府机构推介,包括内政部、国防部(警车)、旅游部(用于旅游租车)。2009 年,吉利汽车首次获得古巴政府订单。从 2010 年开始,古巴国家、部委领导、高级军官等的公务用车由俄罗斯拉达汽车改为吉利汽车,同时警车及租赁用车也成批次地替换为吉利汽车。2011 年,吉利的第二个政府订单——1560 辆吉利车通过宁波港出口古巴,其中,新款自由舰共 1310 辆,帝豪 EC718 共 150 辆,帝豪 EC820 共 100 辆。这是宁波港开通汽车滚装船运输出口汽车以来,宁波口岸出口整车规模最大的一次。吉利汽车更是加入了古巴国家礼仪车队的行列,曾多次担当国家领导人接待用车,是 2013 年和 2016 年古巴拉美峰会的唯一指定用车。2016 年,古巴政府再次采购 675 辆吉利汽车。目前古巴旅游公司 Transtur 车队有 8500 辆汽车出租给国际旅客,60%—65% 是中国汽车,品牌包括吉利、比亚迪、北汽、广汽等。① 随着古巴政府放开私人买卖汽车的限制,古巴的汽车市场将进一步扩大。

为拓展古巴市场,吉利不断优化当地报税仓库的库存结构,采用多渠道供应方式,当地的备件满足率已经从 34% 提高到了 80% 以上。同时为了进一步加快备件供应和汽车故障处理速度,吉利驻古巴办事处已经和古巴国防部下属的全国连锁汽车服务公司 SASA 签署了共建标准服务站及寄售备件库的协议。与此同时,应古巴外贸外资部、交通部及冶金工业部等多个部门的请求,吉利汽车目前正在调研在古巴建设半散装件

---

① Descubre los Nuevos Autos Chinos que Cuba Ha Comprado para Alquilar a Turistas , https://www. cibercuba. com/videos/noticias/2018-01-19-u43231-e43231-s27061-descubre-nuevos-autos-chinos-ministerio-turismo-cuba。

装配厂,深化与古巴的合作。

格瑞斯集团:中古贸易千里之行,始于"脚下"

20世纪90年代之后,因为美国对古巴的贸易制裁和金融封锁,古巴许多制造业工厂因为无法获得机器的备件、技术无法更新、能源供应不足、人才流失等逐渐被淘汰。因此,古巴人民对日用品的进口依赖度很高。

目前,格瑞斯集团每年向古巴出口雨鞋100多万双。古巴人口1100多万,这个数字相当于每10个古巴人中就有1个穿过格瑞斯生产的鞋子。除此之外,格瑞斯集团还向古巴出口学生的矫正鞋、书包等。格瑞斯集团每年参加在古巴举行的哈瓦那博览会。当穿着印有"GRACE"字样的工作服的中国人走在古巴大街上的时候,当地人民都会很热情地朝他们打招呼:"格瑞斯,朋友!"(GRACE AMIGO!)格瑞斯人感到自己做的不仅仅是鞋子,更是一种友谊、一个信仰。

格瑞斯集团有限公司创办于1983年,坐落于浙江青田经济开发区,专业生产各种中高档职业皮鞋,各种行业皮鞋,特种劳动防护皮鞋,公安、司法、军警皮鞋(靴),孝心鞋,年产量500余万双。[①]

格瑞斯鞋子打入古巴市场源于2010年。格瑞斯集团受合作伙伴委托,为古巴生产一批劳保鞋。这批高质量的劳保鞋出口到古巴之后,受到了古巴领导人的高度认可。古巴领导人亲自交代古巴驻中国经商处的官员,要与格瑞斯集团取得联系,希望格瑞斯集团能够前往古巴考察,与古巴相关部门进行贸易

---

① 见格瑞斯集团网站 http://www.graceshoes.com.cn/cn/about_grs.asp。

洽谈。经过接近一年的筹划,格瑞斯集团在 2011 年开始正式和古巴签订出口合同,并在古巴设立办事处,派驻员工在当地维护政府关系,积极响应古巴政府的一切要求,同时也深入调查古巴人民的风俗习惯、文化背景和消费观念,以生产出更符合古巴人民偏好的产品。除此之外,格瑞斯当地代表处也尽可能为当地人民带去一些福利,提供力所能及的帮助,比如在古巴遭到热带风暴袭击之后,与在古巴投资的中资企业一起,向当地人民捐赠物资。至今,格瑞斯在古巴的客户有外贸部、轻工部、农业部、国防部、建筑部、旅游部,以及古巴国内仅有的 2个连锁品牌,出口产品也从劳保鞋扩展到服装、日用品、机器设备、制鞋材料等等。

2011 年 11 月 1 日,第 29 届哈瓦那博览会在哈瓦那展览馆开幕。格瑞斯集团董事长徐建存在展览期间与古巴皮革和制鞋联盟签署协议,加强对古巴的皮革、原材料、机械和技术等方面的供给和输出。在博览会召开期间,博览会组委会、古巴国家标准化委员会、古巴共和国商会对参加博览会的产品进行了严格的质量评估,格瑞斯集团荣获博览会金奖。

当然,走进古巴既有甜蜜也有酸楚。由于古巴的计划经济体制,这些年格瑞斯在与古巴政府的合作过程中遇到一些困难,最主要的问题在于两方面:(1)资金问题。跟古巴合作,普遍使用远期信用证,但是因为古巴经济困难,到期之后古巴政府依然无法按期付款。特别是 2013 年之后,古巴遭遇"出口下降,而进口成本增加"的巨大挫折,外汇储备大量减少,经济局面更加困难。在这样的背景下,如何"开源"——创收外汇成为政府的首要问题。古巴政府出现大规模欠款的情况。这给格瑞斯集团造成很大的资金压力。(2)办事效率问题。由于格瑞斯的贸易对象是古巴政府,古巴实行非常严格的集权制,各项事务均需要层层上报,因此,任何需要双方协商的问题都需要很长时间才能解决。这些困难并没有让格瑞斯集团知难而退。中古两方彼此在磨合中加深了了解。

除了出口,格瑞斯集团曾跟古巴政府协商过合资办一个制鞋工厂,由格瑞斯集团提供设备、技术和原材料,古方提供劳动力。这样,就可以将中国先进的制鞋技术以及轻工业工艺转让给古巴,带动当地的就业。然而,根据 2014 年 6 月古巴新《劳动法》的规定,在古巴投资的外国公司雇用古巴工人,必须通过古巴劳工与社会保障部管辖的劳务中介公司签订合同。劳务中介公司负责雇用古巴人,谈判古巴工人的薪水,接收中国企业支付的古巴工人的薪水,再将薪水支付给古巴工人。古巴工人不允许直接与外国公司签订劳动合同。因此,虽然古巴人民的平均月薪才 20 多美元,但是该劳务中介公司要求的工人工资却远超中国国内工人的工资。因此,合资办工厂的计划暂时搁置了。但是随着古巴对外开放进程的加深,格瑞斯集团依然在密切关注古巴法律的调整,等时机成熟,格瑞斯集团依旧愿意把中国先进的技术、设备和工艺带到古巴,帮助古巴实现工业化。[①]

宁波与古巴:港口和海岛的相遇

立足长远向一体化、协同化、集群化发展的宁波舟山港,区位前置,面朝繁忙的太平洋主航道,背靠中国内地最具活力的长三角经济圈,俨然已是国家枢纽港、世界级东方大港。这里是我国集装箱、铁矿石和原油转运的重要基地,货物吞吐量连

---

① 基于对格瑞斯集团总经理徐甲(笔名)先生的访谈,访谈时间:2019 年 8 月 27 日。

续 8 年位居世界第一。目前,宁波舟山港正利用区位优势,准备组建"21 世纪海上丝绸之路"港口联盟。

在中古贸易中,古巴糖一直是中国和古巴之间的纽带。每年深圳港、天津港、青岛港、宁波港都有运载古巴糖的货轮靠岸,经过国内炼糖厂的深加工后,流通到市面上。2006 年 11 月财政部投资 7000 余万元,在宁波北仑区建成国家储备糖基地。国家储备糖是由财政部出钱、国家储备局下拨的,它对稳定流通市场糖价及预防各种灾害等不测事件具有重要作用,确定储备基地需要通过国家有关部门的层层考核。宁波国家直属储备糖库容量为 5.2 万吨,是目前全国投入使用的 16 个国家储备糖库之一。2007 年,一艘来自古巴的"VTC GLOBE"巨轮,满载了重量为 2.25 万吨、金额达 544 万美元的原糖,卸载在宁波新造的国家储备糖库内。这是近十几年来,宁波港第一批进口的古巴散装原糖,更是宁波成为国家储备糖基地后首次储存国家储备原糖。国家储备糖基地的设立,让宁波着实受益不小。除了提高城市地位和知名度外,仅本次进口原糖就为宁波口岸带来了 2000 多万元的关税收入。此外,宁波国家储备糖基地辐射华东地区,主要调节浙江、上海、江苏、安徽等地市场的糖价和糖供应,宁波市的糖供应和糖价平稳将更有保障。①

2017 年宁波市对古巴进出口 7556 万美元,下降 18.7%,其中出口 7135 万美元,下降 19.2%,进口 421 万美元,下降 8.4%。2018 年 1—11 月,宁波市对古巴进出口 6790 万美元,下降 4.4%,其中出口 4299 万美元,下降 35.9%,进口 2491 万美元,增长 524.7%。宁波自古巴进口的主要商品是废金属等,

---

① 宁波国储糖基地,首批原糖入库,http://futures.money.hexun.com/2405310.shtml。

主要出口商品是钢材、汽车、纺织纱线、织物及制品。

截至 2018 年底,宁波累计批准在古巴投资的企业和机构有 3 家:浙江天时国际经济技术合作有限公司驻古巴代表处(由浙江天时国际经济技术合作有限公司投资)、贝亚时代驻古巴代表处[由贝亚时代(宁波)国际贸易有限公司投资]、宁波保税区玮玛国际贸易有限公司驻古巴代表处(由宁波保税区玮玛国际贸易有限公司投资)。

在古巴业务发展迅速的宁波企业还有宁波华茂国际贸易有限公司。2011 年,宁波华茂国际贸易有限公司正式进入古巴市场,经过 3 年多的深耕,2014 年,古巴业务有了实质性进展。2016 年,对古巴贸易额突破 1 亿元。2017 年,对古巴贸易额突破 3 亿元。①

浙江侨商的代代传承

浙江宁波奉化人王蓓是贝亚时代(宁波)国际贸易有限公司和宁波丘盛有限公司的董事长。1996 年,从事服装代理行业的王蓓初次来到古巴,当时她 41 岁。这一待就是 23 年。在古巴政界、商界人士眼中,王蓓不再是一个商人,而是一个好伙伴。连接起王蓓和古巴的也不再是订单,而是责任。随着年岁渐长,王蓓让儿子接了班,她不用再频繁地两地"长途跋涉"。但是一年 3 次,是她给自己定下的"规矩"。随着中国改革开放逐渐深入,利润率更高、消费能力更强的欧美市场成为很多中国外贸公司的首选市场。但是,王蓓却说:"这里有合作了多年的客户,我们走了他们怎么办?"这就是王蓓对古巴的责任和

---

① 基于对宁波市外事翻译中心窦素贤女士的访谈,访谈时间:2019 年 8 月 1 日。

担当。

1996 年王蓓刚到古巴时，古巴刚承受住东欧剧变的考验，国内物资紧缺，百废待兴。古巴的大部分基础设施是在 20 世纪 80 年代苏联的援助下建设的，并不亚于当时的中国。而且，古巴教育普及率高，国民素质非常好，加上古巴和中国两国关系友好，古巴非常欢迎中国人，也信任中国人。于是，王蓓决定留下来，在古巴设立分公司办事处和保税仓库，她成为最早进入古巴市场的中国民营企业家之一。

开拓古巴市场并不容易。语言不通、人生地不熟的王蓓在古巴"历经千辛万苦、说尽千言万语、走遍千山万水、想尽千方百计"。大多数华人都在古巴革命胜利之后，离开了古巴。在古巴的华人寥寥无几。王蓓在古巴遇到几个年迈的华人，但是他们只说广东话。没有同胞相助，王蓓只能依靠自己的力量。王蓓白天拜访古巴各个部委，了解它们的进口计划，晚上给国内的公司打电话，让同事们在国内寻找货源。王蓓还向房东一字一句地学习西班牙语，以便能够与古巴政府官员更好地交流。

女性企业家往往懂得进退、委曲求全、耐心等待。这种策略用于与古巴的贸易上是最适合的。古巴人的生活节奏慢，官僚制度重，古巴的一秒钟似乎比我们的一秒钟要长一倍。因此，耐心成为王蓓成功的关键因素。

来到古巴几个月后，王蓓的第一单服装生意终于谈成。在第一次成功合作之后，古巴政府的订单慢慢拓展到各个领域，产品有节能灯、农业机械、家居用品等，生意伙伴也从古巴轻工部、电子工业部、农业部到教育部、卫生部……只要古巴人有需求，王蓓就想办法供货，王蓓还成为古巴人咨询中国市场的对象。在她看来，与古巴人做生意，情义更重要。因为王蓓驻扎在古巴,货物品质有保证、供货及时以及售后负责,古巴人很信任她。因为古巴经济拮据,古巴政府时常无法准时结汇。王蓓想尽办法,站在客户的角度,在公司的财务能够正常运转的范围内,给予古巴政府延长一些结汇的期限。"将压力留给自己,让客户多一点放心"是王蓓经商的原则。对古巴政府的理解,很多次缓解了古巴政府的燃眉之急。这份情义让王蓓成为古巴的"国家供应商"。

2007年,王蓓回乡投资创建了自主品牌,先后在奉化创建了宁波丘盛有限公司,在鄞州设立贝亚时代(宁波)国际贸易有限公司,注册资金近2000万美元,涉及生产、销售和进出口等多个领域,产品涉及轻纺、五金、日化、照明、机械设备等几大系列。丘盛出口古巴5000万美元的床上用品和服饰,打的便全都是自主品牌"丘盛"。2015年,丘盛公司在奉化滨海新区投资建设的30000多平方米的新厂区投入生产,走上以品牌开拓市场的产业提升之路。在2009年国际经济低迷的形势下,其他出口市场急剧萎缩,王蓓公司95%产品出口到古巴,是古巴的进口帮助她挺过了难关。

因此,王蓓是古巴的"国家供应商",古巴也是王蓓生命中的"救火之水"。现在,王蓓的儿子继续传承母亲在古巴的事业,延续王蓓与古巴之间的关系纽带,也继续发扬中古之间的信任和友谊。王蓓则回国担任宁波市侨商会的执行会长、宁波市政协外事委员,反哺浙江。时常有浙商来咨询王蓓开拓古巴市场的经验,王蓓都毫无保留地将她在古巴的经历与浙商们分享。宁波市政府和浙江省政府代表团访问古巴,也请王蓓"牵线搭桥"。古巴政府因此对浙江有了更深入的了解。浙江企业前往古巴访问,古巴政府总是热烈欢迎。此外,王蓓还为宁波的慈善事业贡献了企业家的责任,自2011年开始,王蓓通过奉化市红十字会已累计捐款超 100 万元,并设立了 600 万元的"蓓馨爱心基金"。为了感激王蓓对宁波与古巴友谊的付出,2014 年 8 月 26 日,在宁波市十四届人大常委会第十八次会议上,王蓓被授予"宁波荣誉市民"的称号。

每每回想起这个相伴了多年的国度,王蓓总会感叹着,古巴虽然是个贫穷的国家,但从另一个角度看,它又有着独特的投资环境及发展前景。"中国"这张名片足以让古巴人对中国企业充满信任。中国企业要做的就是给予古巴最大的"真诚和坦率",少一些利益和欲望,多一些专注、责任和情怀。①

---

① 基于对宁波市侨商会鲁冠芬女士的访谈,访谈时间:2019 年 7 月 30 日。

参考文献

一、中文文献

[1] 冰心. 拾穗小札[M].北京：作家出版社,1964.

[2] 陈翰笙. 华工出国史料汇编：第一辑[M]. 北京：中华书局,1984.

[3] 陈翰笙. 华工出国史料汇编：第六辑[M].北京：中华书局,1984.

[4] 卡斯特罗. 在古巴共产党第一、二、三次全国代表大会上的中心报告[M]. 北京：人民出版社,1990.

[5] 卡斯特罗. 全球化与现代资本主义[M]. 北京：社会科学文献出版社,2000.

[6] 傅云龙.游历古巴图经[M].北京：朝华出版社,2019.

[7] 季羡林. 季羡林文集：第十卷 糖史（二）[M]. 南昌：江西教育出版社,1998.

[8] 吉布森.帝国的十字路口[M]. 扈喜林,译.北京：社会科学文献出版社,2018.

[9] 戈特.古巴史[M]. 徐家玲,译.北京：中国大百科全书出版社,2013.

[10] 李春辉. 拉丁美洲史稿[M]. 北京：商务印书馆,1983.

[11] 梁碧莹. 陈兰彬与晚清外交[M]. 广州：广东人民出版社,2011.

[12] 毛相麟. 古巴社会主义研究[M]. 北京：社会科学文献出

版社,2005.

[13] 聂鲁达.英雄事业的赞歌[M].王央乐,译.北京:作家出版社,1961.

[14] 庞丙庵.中国人与古巴独立战争[M].北京:新华出版社,2013.

[15] 任青,马忠文.张荫桓日记[M].北京:中华书局,2015.

[16] 福建师范大学历史系华侨史资料选辑组.晚清海外笔记选[M].北京:海洋出版社,1983.

[17] 施莱辛格.一千天:约翰·菲·肯尼迪在白宫[M].仲宜,译.北京:生活·读书·新知三联书店,1981.

[18] 徐世澄.卡斯特罗评传[M].北京:人民出版社,2008.

[19] 徐世澄.古巴模式的"更新"与拉美左派的崛起[M].北京:中国社会科学出版社,2013.

[20] 拉莫内.菲德尔·卡斯特罗访谈传记:我的一生[M].中国社会科学院拉丁美洲研究所,译.北京:国际文化出版公司,2016.

[21] 赵荣宪,杨锡军.卡斯特罗时代[M].北京:外文出版社,2018.

[22] 班国瑞,杨艳兰.关公与观音:两个中国民间神在古巴的变形[J].八桂侨刊,2014(04):3-12.

[23] 程阳和.古巴的生物技术[J].生物技术通报,2001(02):38-40.

[24] 凌涵之.繁华与背影光荣与梦想——依旧社会主义的古巴[J].世界知识,2015(08):66-69.

[25] 毛相麟,杨建民.苏东剧变与古巴改革[J].当代世界社会主义问题,2011(03):62-71.

[26] 庞炳庵.郭沫若的古巴情结[J].郭沫若学刊,2006(01):

15-18,5.

[27] 孙洪波.从"古巴糖"开始[J].世界知识,2011(13):23-25.

[28] 唐华琛.简述华人华侨对古巴独立战争的贡献[J].黑河学刊,2017(01):72-73.

[29] 童健.努力探索创新出版集团"走出去"之路——浙江出版联合集团纪实[J].出版广角,2012(09):33-35.

[30] 肖雅.中国与古巴卫生交流与合作初探[J].西南科技大学学报(哲学社会科学版),2017,34(03):12-16,36.

[31] 徐世澄.卡斯特罗的人格魅力、思想和历史功绩[J].当代世界,2008(03):16-18.

[32] 王莲英.张荫桓与海外中西学堂的创办[J].历史档案,2014(02):114-117.

[33] 王晓秋.19世纪中拉文明的一次相遇与互鉴——清朝海外游历使傅云龙的拉丁美洲之行[J].拉丁美洲研究,2018,40(01):56-67,155-156.

[34] 吴化,张素林.中国与古巴建交始末[J].中国档案,2008(01):60-61.

[35] 杨发金.拉美华侨华人的历史变迁与现状初探[J].华侨华人历史研究,2015(04):37-46.

[36] 张群.傅云龙其人及其著述[J].河南图书馆学刊,2005(05):79-82.

[37] 赵鉴军.晚清驻古巴领事对华工境况的改善[J].前沿,2011(14):177-180.

[38] 中国驻古巴使馆经商处.古巴市场及中古贸易[J].世界机电经贸信息,1997(03):59.

[39] 朱大伟.猪湾事件与古巴的共产主义道路选择——一个冷战视角的考察[J].红色文化学刊,2017(03):94-105,112.

［40］商务部. 2018 年对外投资合作国别（地区）指南：古巴 ［R］. 2018.

［41］联合国教科文组织：2010 全球科学发展现状［R］. 2011.

［42］2018 年中国统计年鉴［R］. 2019.

二、外文文献

［1］BARACCA A. FRANCONI R. Subalternity vs. Hegemony, Cuba's Outstanding Achievements in Science and Biotechnology, 1959-2014 ［M］. New York：Springer International Publishing，2016.

［2］KAPLOWITZ D R. Anatomy of a Failed Embargo：U. S. Sanctions Against Cuba［M］. Boulder and London：Lynne Rienner Publishes，1988.

［3］CHE QUEVARA E. El Socialism y El Hombre Nuevo ［M］. Ciudad de México：Siglo XXI，1965.

［4］FORNÉS-BONAVÍA D. Cuba Cronológica. Cinco Siglos de Historia，Política y Cultura ［M］. Madrid：Ed. Verbum，S. L. 2003.

［5］ALIBEK K，HANDELMAN S. Biohazard：The Chilling True Story of the Largest Covert Biological Weapons Program in the World—Told from Inside by the Man Who Ran It［M］. New York：Random House，1999.

［6］RABE S G. Eisenhower and Latin America：The Foreign Policy of Anti-Communism ［M］. Chapel Hill：The University of North Carolina Press，1988.

［7］GOLDSTEIN D J. Ethical and Political Problems in Third World Biotechnology［J］. Journal of Agricultural Ethics，1989，2(1)：5-36.

［8］KOURÍG P,et al. Hemorrhagic Dengue in Cuba: History of an Epidemic［J］. Pan American Health Organization Bulletin, 1986(20):24-30.

［9］LOPEZ E. Taking Stock of Cuban Biotech［J］. Nature Biotechnology,2007, 25(11): 1215-1216.

［10］MESA LAGO C. El 《Enfriamiento》 de la Economía Cubana［J］. Nueva Sociedad, 2019(279):13-24.

［11］WESTHOFF W W, et al. Cuban Healthcare Providers in Venezuela: a Case Study［J］. Public Health, 2010, 124(9): 519—524.

［12］Oficina Nacional de Estadística e información. Anuario Estatístico de Cuba 2018, Turismo［R］. 2019.

［13］Oficina Económica y Comercialde España en La Habana. Cuba: Informe Económico y Comercial［R］. 2019.

［14］Oficina Nacional de Estadística e Información. Anuario Estatístico de Cuba 2014—2018［R］. 2019.

［15］RICHARD E. Feinberg y RICHARD S. Newfarmer. Turismo en Cuba en la Ola hacia la Prosperidad Sostenible［R］. Latin America Initiative at Brookings and Kimberly Green Latin American and Caribbean Center, 2016.

［16］United States Department of State, Cuba Agrarian Reform Law, Foreign Relations of the United States, 1958—1960, Cuba Volume VI［R］. U. S. Government Printing Office, 1958-1960.

［17］Gobierno de Cuba. Informe Nacional sobre la Implementación de la Agenda 2030［R］. 2019.

致谢

　　本书是 2020 年浙江省社科联"浙江与'一带一路'"科普读物项目的成果。在本书撰写过程中,为了获取浙江与古巴的"五通"——政策沟通、设施联通、贸易畅通、资金融通、民心相通情况,我对浙江省人民政府外事办公室的沈思女士、宁波市外事翻译中心的窦素贤女士、中航国际航空发展有限公司副处长张春生先生、格瑞斯集团总经理徐甲(笔名)先生、外文出版社西班牙文部副主任欧阳媛女士、宁波市侨商会的鲁冠芬女士、安徽省第二人民医院的王莎莎医师、北方车辆有限公司的宋倚萱女士、浙江东方集团茂业进出口公司的王屹女士和上海大学的夏婷婷博士进行了访谈,他们均毫无保留地与我分享了自己在与古巴人交流和合作过程中的诸多感受。此外,在征得我认识了 10 余年的古巴朋友安南(Andres Reyes)的同意之后,我还将他在中国的求学和工作经历写入书中,成为在中国寻梦的古巴人的缩影。我的恩师、古巴研究专家、中国社科院荣誉学部委员、浙江外国语学院特聘教授徐世澄先生对本书的撰写也提出了非常宝贵的意见。

古巴街景（陈岚摄于 2008 年）

古巴街景（陈岚摄于 2008 年）

中国城里的"象牙塔"中餐厅（陈岚摄于 2008 年）

卡斯特罗万岁（陈岚摄于 2008 年）

古巴明信片：切格瓦拉（陈岚摄于 2008 年）

远眺古巴（尹小龙摄于 2019 年）

古巴街景（尹小龙摄于 2019 年）

古巴海滨大道（尹小龙摄于 2019 年）